부자보다

잘

사는 사람

부자보다
잘
사는 사람

법상 지음

마음의숲

부자보다 잘 사는 당신을,
다시 만나러 갑니다

 내 기억이 맞는다면 이 책의 글은 2002년부터 2005년까지, 출가한 지 몇 년 되지 않은 20대 후반의 기록이다. 책을 낸 지도, 절판된 지도 오래되었고 이미 잊힌 책이지만 초기에 발간한 책들 가운데 유난히 따뜻한 기억으로 남아 있는 책이기도 하다.
 그 당시 초행자의 글을 주목하고 책으로 펴내 주신 분께서 다시 발간하기를 권해주셔서 20여 년 만에 다시 책을 펼쳤다. 밀레니엄의 빛바랜 감성과 풋 빛 안목이 그대로 드러나 있고 법정 스님을 동경했으며 봄날의 제비꽃을 보고 자연을 흠모했던 그 시절의 잔향이 고스란히 글에 담겨 있었다. '그래, 그랬었지' 하며 그 시절 서랍 속 흐린 사진을 꺼내 보듯 풋풋한 시간 여행의 소회가 노래처럼 들려왔다.

20년이 지난 오늘날 이런 글이 오히려 더 필요하다는 권유의 말이 이해되는 측면도 있었지만, 그러기에는 꽃잎이 덜 피운 것 같은 안목의 미흡함이 좀 걸렸다. 어쩔 수 없이 재필再筆하는 심정으로 글의 옷을 갈아입히기로 했다. 당시의 풋풋한 감성과 갓 출가한 청년의 잔향 같은 것들은 그대로 두되 문장의 결을 깎고 부족한 안목을 보완하여 원고의 심장을 다시 뛰게 해야 했다.

그 결과, 좋게 말하면 20대의 나와 중년의 내가 만들어내는 합동 연주를 들을 수도 있지만, 그 사이에 미묘한 틈새와 약간의 어긋난 조율은 어쩔 수 없는 부분이기도 하다.

20여 년 만에 다시 책을 내놓으며 그 당시 품고 있던 발원이 떠올랐다. 어린 날의 나처럼 힘들고 괴로워하는 이들에게 이 '괴로움 소멸'의 가르침을 언제까지고 널리 펼치기를 바라는 서원. 생각해 보니, 첫 발심 출가한 그 초년생이 쓴 씨앗의 책이 20여 년이 지나 서원의 꽃으로 피어 결실로 회향된 책인 것만 같다. 마침 이 책이 전면 개정판으로 출간되는 때에 맞춰 20년 전 막연히 발원하던 청정한 도량의 불사가 원만 회향을 맡기도 했다. 상주 대원정사를 근본 도량으로, 부산 목탁소리에 이어 서울에도 '목탁소리休'라는 설법 도량이자 선명상센터를 개원한 것이다. 이 책을 비롯해 그간 출간한 책들과 유튜브 '목탁소리', 곳곳에 있는 목탁소리 도량이 든든한 초석이 되어 깨달음의 가르침이 본격적으로 꽃을 피우고 널리 전해지기를, 그래서 많은 이들이 괴로움의 근원적인 소멸과 완전한 열반을 얻기를 발원해 본다.

불교, 선, 명상은 결국 누구에게나 괴로움을 여의고 완전한 행복, 평화, 자유의 길을 안내하는 공부다. 이 종교에는 형식도 틀도 신자도 없다. 그저 누구나 찾아와 진정한 자기를 찾고, 자신이 느끼는 괴로움의 원인을 찾아 소멸하며, 결국 늙고 병들고 죽는 일체의 괴로움에서 벗어나는 공부다. 바로 '당신'이 해야 하는 공부다.

자기를 모르고 인생을 사는 것이 말이 되는가? 내가 어디에서 왔고 어디로 가는지를 모르면 불안하고 두렵다. 이 공부를 통해 나와 세계가 무엇인지를 깨달을 수 있다. 죽지 않는 불사不死의 길은 거짓이 아니다. 그리고 놀랍게도, 충격적이게도 그것은 누구나 가능하다. 재능도 필요 없고, 그 어떤 조건도 필요 없다. 간절히 깨닫기를 발원하면 누구나 깨달을 수 있다. 바로 그 깨달음의 길, 괴로움을 여의는 길, 그 길이야말로 우리 모두가 가야 할 삶의 여정이다.

  이 책은 바로 그 길을 안내하는 책이며 대원정사와 목탁소리 또한 그 길을 안내하는 도량이다. 모쪼록 이 책이 인연 닿는 모든 이들에게 괴로움으로부터의 해탈과 진정한 자유의 길을 깨닫게 해주는 시절인연이 되길 바란다.

서울 양촌향교역 목탁소리休

2025년 11월

법상 씀

머리말

지금 이 순간 행복한 부자가 되라

　바람이 좋다. 햇살이 따스하다. 지방에 한 며칠 다녀왔더니 절 풍경이 완전히 바뀌어 있다. 불과 며칠 만에 뒷산 앙상하던 가지가 일제히 연초록의 잎을 틔우고 절 앞마당에는 매화며 벚꽃, 개나리, 진달래, 앵두꽃도 한창이다. 요즘 같은 때는 하루가 다르게 숲 색이 바뀌다 보니 내 눈도 마음도 더없이 설레고 생기롭다. 아침 산책길, 마음이 가닿는 숲속에서 잠시 눈을 감고 서 있고는 한다. 가만히 눈을 감고 서서 귀와 코와 몸의 감각을 활짝 열어놓고 숲이 보내는 신선한 소식을 듣고 느낀다.

　일없는 이 고요함이 좋다. 때때로 바쁘고 정신없는 일들이 있더라도 잠시 숲을 찾거나 앉아서 호흡을 바라보면 이내 마음은 본래의 고요함을 되찾는다. 언젠가부터 이런 행복한 세상에 깊이깊이 감사하는 습관 같은 것이 생겼다. 삶이란 얼마나 풍요로운가. 얼마나 온전하며 눈부신가.

누구에게나 삶은 풍요롭다. 이 세상은 늘 경이로 넘치는 곳이며 모든 생명은 한없는 축복 속에 살고 있다. 마음에 스스로 붙잡고 있는 것을 잠시 놓아두고 세상을 향해, 자연을 향해 감각을 열어놓는다면 누구나 이러한 행복을 느낄 수 있다.

언제부턴가 사람들은 스스로 풍요의 길을 걷어차고 다른 길을 걷기 시작했다. 남들보다 더 부자가 되길 꿈꾸고, 더 높은 자리에 오르길 꿈꾸며, 더 많이 벌어먹고 쓰는 길을 선택했다. 이미 본래부터 가지고 있었던 원만구족한 행복은 이제 더 이상 행복이 아니다. 그것은 부족이고 결핍이다. 그것으로는 모자란다, 더 많아져야 한다, 이런 생각들이 현대인 모두에게 보편적인 삶의 지향점으로 자리 잡았다.

아무리 벌어도, 많이 축적해도 만족할 수 없다. 여전히 가난하고 부족하다. 그런 착각이 이 세상을 한없이 부족한 곳으로 만들어 놓았고 풍요롭던 이 땅을 결핍과 굶주림과 전쟁과 기아로 얼룩지게 만들어 놓았다. 그러면서 땅도 죽어가고 숲도 죽어가고 생명도, 사람도, 정신도 죽어가고 있다.

그러나 그러한 인간의 욕망과 집착과 이기, 어리석음에도 불구하고 이 우주는 여전히 우리를 한없는 사랑으로 자비로 품고 있다. 인간이 물질적으로 정신적으로 파괴해 놓은 이 지구별은, 그러나 여전히 풍요와 평화로 가득하다. 지구가 죽어가고 환경이 파괴되며 인간성이 상실되고 있지만 한 생각 돌이켜 '있는 그대로' 세상을 바라볼 수 있는 지혜를 가지게 되면 그 순간 본래의 평화로운 별 지구가 천상의 뜰처럼 다가올 수 있다.

문제는 가난이 아니다. 문제는 세상에 있지 않다. 지구가 문제인 것도 아니고, 경제가 문제인 것도 아니며 나라가 문제인 것도 아니다. 문제는 나 스스로 그 문제를 만들어냈다는 데 있다. 그렇다면 스스로 만들어낸 수많은 문제를 다시 거두어들이기만 하면, 아니 더 쉬운 말로 그냥 놓아버리기만 하면 모든 것은 제자리를 찾는다.

애쓰며 돈을 벌어서 될 문제가 아니다. 부자가 되고, 명예와 권력을 찾고, 소유와 욕망을 충족시켜서 될 문제가 아니다. 왜 너도나도 부자 되는 좁은 길을 싸워가며 먼저 도달해야만 하는가. 다만 지금 이 자리에서 본래 있던 온전한 행복과 평화를 누리면 된다. 부자가 될 것이 아니라 풍요를 누리기만 하면 된다. 물론 이렇게 말해도 '도대체 어떻게 누리라는 것인가?' 하고 물을 것이다. 여전히 '어떻게' 해야 하는지 의문은 사라지지 않을 것이다.

이 책은 바로 그런 사람들을 위한 책이다. 부자가 되기보다는 풍요롭게 잘 사는 방법을 선택하려는 사람들, 더 많이 소유하기보다는 더 많이 삶 위에 존재하고자 하는 사람들, 스님들처럼 다 버리고 출가할 수는 없지만 버리지 않고도 마음의 버림을 실천하는 사람들, 몸과 마음의 건강과 조화를 찾는 사람들, 인간과 자연의 공존과 온 세상의 하나됨을 꿈꾸는 사람들, 분별이 만들어낸 일체의 괴로움을 소멸하고 드넓은 한마음으로 깨어남을 꿈꾸는 이들, 그 모든 이들에게 이 책이 작은 도움이 될 수 있기를 마음 모아 발원해 본다.

창밖으로 온갖 꽃과 여린 잎들이 노을빛에 반짝이며 하늘거린다. 이제 노을을 보러 갈 시간이다. 아침 떠오르는 햇살과 저녁 지는 노을을 매일 같이 마주하는, 산 같은 사람을 만나고 싶다. 이 책이 자연을 닮은 사람과의 향기로운 만남에 작은 역할을 해줄 수 있길……. 이 책이 나오기까지 관심과 도움을 주신 많은 분께 감사의 마음을 전한다.

2006년 4월
법상 배상

차례

부자보다 잘 사는 당신을, 다시 만나러 갑니다 　　　　5

머리말 지금 이 순간 행복한 부자가 되라 　　　　9

1장　가난한 부자

불편과 부족에서 오는 즐거움	19
부자보다는 잘 사는 사람	25
잘 사는 사람이 되기 위한 15가지 생활수행	34
당신 삶이 이미 대박이다	53
마음에 일을 만들지 말라	59
시험을 준비하는 이들에게	68
시절인연에 맡기는 무위의 길	74
삶은 성취가 아니라, 지금 살아있음이다	78
리더십, 다스림의 진리	86
가난하게 산다는 것	90
미래를 걱정하지 말라	93

바쁨과 혼란을 비우는 마음의 기술 98

삶을 내 편으로 만드는 법 102

삶이라는 진실을 받아들이라 107

2장 이 순간을 즐기는 부자

지금 이 순간이 내 생의 전부 121

진정으로 홀로 있는 법 127

때로는 침묵이 열 마디 말보다 낫다 131

마음을 잘 비추어 보라 136

가까운 인연과 풀어야 할 숙제 140

괴로움은 환상이다 146

외로움에 휩싸여 외로워 보기 154

삶의 문제를 푸는 방법 159

아플 만하니까 아픈 것이다 164

화를 다스려야 화를 면한다 168

오래된 짐을 버리는 법 172

기다림을 놓아라 179

삶을 통제하려는 헛된 욕망 185

3장　마음의 부자

나는 누구인가?	191
오고 가는 것들 속, 오고 가지 않는 이것	196
아무것도 하지 않는 시간	201
호흡이 고요하면 삶이 평화롭다	208
남처럼 되려고 애쓰지 말라	215
있는 그대로를 있는 그대로 보라	221
모든 만남엔 우주의 메시지가 있다	225
지식을 비우고 지혜로 살라	232
진정한 관계의 법칙	239
나 아닌 것들을 사랑하라	245
어떤 믿음을 선택할 것인가	249
진리는 특정 종교에만 있는 것이 아니다	255

4장　자연을 가진 부자

내 안에 숲길을 만들어보자	261
신비한 자연의 소리	266
꿩 소리가 주는 메시지	273

우리 몸의 순리는 자연과 같다	278
생명 있는 것은 모두 친구다	282
당신의 행복은 어디에 있는가	287
내 안에도 꽃은 피는가	291
저 돌과 바람과 하늘처럼	296
자연의 위대한 밥상	300
내가 꿈꾸는 삶	306

1장

가난한 부자

불편과 부족에서 오는 즐거움

 얼마 전 무슨 무슨 일로 고생했다고 기념으로 얻은 겨울철 누비 두루마기를 꺼내 입고 그 기쁨에 오전 내내 도량 주위를 서성거렸다. 누비 두루마기를 입고 낙엽을 쓸고 보니 지치지도 않고 쓰는 일이 그렇게도 홀가분했다. 작년 겨울 도반 스님이 신도님께 얻었다며 누비 두루마기를 입고 '이거 하나 입고 있으니까 얼마나 든든한지 모른다'라고 했을 때 내심 얼마나 부러웠는지…….
 가만 생각해 보면 처음 출가하던 때부터 든든한 누비 두루마기가 그렇게 갖고 싶었다. 처음에는 형편이 넉넉지 못해 사 입지 못하다가 이제 와서는 문득 깨달은 게 있어 사지 않고 지켜보고만 있는 중이었다. 사려고 했다면야 조금 무리를 해서라도 그것 하나 사 입지 못했겠나. 그런데 일부러 그냥 놔두고 지냈다. 사고 싶다고 그때그때 휙 사버리면 그다지 감사하지도 않고 애정 어린 행복감을 느끼지 못한다는 것을 몇몇 경험을 통해 깨달았기 때문이다.

 그래서 요즘은 될 수 있다면 정말 꼭 필요한 것이 아니면 사지 않으려 하고 불편하게 지내는 법을 익혀보려고 한다. 불편과 부족에서 오는 즐거움을 요즘 들어 새록새록 느끼는 중이다. 한동안 불편하다가 꼭 필요할 때 사게 되면 그때 느끼는 행복감은 말로 표현할 수 없다. 갖고 싶은 것, 사고 싶은 것, 먹고 싶은 것 그런 것들은 정말 끊임없이 올라온다. 그런데 그걸 가만히 느껴보고 지켜보는 것도 참 좋은 공부거리가 된다. 먹을 것도 먹고 싶다고 다 사 먹게 되면, 그것도 잔뜩 사다 놓고 먹게 되면 그게 영 맛이 없고 먹는 재미도 없다. 그런데 조금 참아도 보고 정 먹고 싶을 때 어렵게 그것도 부족하다 싶을 만큼만 사서 한 입 베어 물면 그 행복감은 말로 표현할 수 없다.

 어릴 적에는 수박이 왜 그리 맛있었는지. 하기야 수박뿐 아니라 맛없는 것이 없었으니까. 내가 어릴 때는 여름 한철 동안 수박 한 통 먹기가 어려웠다. 어떤 해는 여름 동안 수박 한 조각 못 먹고 보낸 적도 있었다. 그래서 지금도 생각나는 어릴 적 기억으로 여름의 초입에 서면 '올여름은 수박 한 조각 먹을 수 있으려나' 그런 생각을 했다. 그때 수박은 그야말로 꿀맛이었다. 아니, 그 맛을 무슨 말로 표현할 수 있겠나. 무더운 여름에 땀을 뻘뻘 흘리며 아버지 농사일을 도와드리다가 목도 마른 차에 어머니께 전날 사다 놓은 시원한 수박을 시냇가에서 건져 와 뚝뚝 잘라 내놓았을 때 그 맛을 결코 잊을 수가 없다. 그런데 요즘 수박에서는 그런 맛을 느끼지 못한다.

여름철뿐인가, 겨울은 또 어떻고. 교실에 누군가가 귤 하나를 가져와서 몰래 까서는 친한 친구들만 한 조각씩 나누어줄 때 그것 하나 어떻게 얻어먹어 보려고 얼마나 애를 썼는지. 조용하던 교실에 누군가가 귤 하나 까게 되면 그 감미롭고 상큼한 향기가 초등학교 온 교실을 미치도록 만들었다. 그때가 참 좋았다. 요즘은 넘쳐나니까 귤도 수박도 옛날의 그 맛이 아니다. 가만 생각해 보면 그게 다 부족해서 그랬던 것이지 다른 게 아닌 것 같다. 부족하면 그 안에 행복이 있다. 풍족한 데 행복이 있는 게 아니라 부족한 거기에 도리어 짠한 행복감이 있다.

모든 게 다 그렇다. 세상이 풍족해지니까 마음은 더 허해지기만 한다. 우리 가슴이 넘쳐나는 것들로 점점 더 헛헛해져만 간다. 풍요로움이 오히려 정신의 가난을 가져온다. 그것이 다 불편과 부족의 정신을 잊어가는 데서 오는 공허감이다.

행복은 이렇듯 욕심을 쉽게 충족시키는 데서 오지 않고 불편과 부족을 스스로 선택하는 데서 오기도 한다. 요즘 사회가 어렵고 경제가 어렵다고 하는데 이럴 때일수록 경제적으로 잘 풀리고 돈이 좀 생길 때일수록 오히려 더욱 아껴 쓰고, 덜 쓰고, 덜 사고, 덜 버리는 일이 필요하지 않을까. 필요할 때 바로 사지 말고 그냥 불편한 대로 살아보는 것도 좋고, 좀 놔도 보았다가 정 필요할 때 그때 꼭 필요한 것만 어렵게 구매하는 것도 참 좋은 일이 아니겠나 싶다. 어렵게 얻으면 어렵게 얻는 만큼 행복은 더없이 충만해지는 법이니까.

불편하다는 것, 조금 부족하다는 것, 그리고 그것을 스스로 선택한다는 것은 요즘 같은 넘치는 소비 시대에 더없이 필요한 삶의 규칙이다. 세계는 지금 대량생산, 대량소비, 대량 폐기로 열병을 앓고 있다. 이럴 때일수록 덜 사고, 덜 쓰고, 덜 버리는 일이 넘치므로 죽어가는 지구를 살리는 양약이 될 수 있지 않을까.

불편해도 좀 참아 보라. 갖고 싶어도 좀 기다려 보라. 부족해도 좀 견디어 보라. 묵묵히 마음을 비우고 욕망의 흐름을 거슬러 보라. 그 속에 존재의 깊은 풍요가 있다. 나아가 세상을 살릴 길이 있고 모두가 함께 잘살 수 있는 희망의 빛이 있다.

물론 '부족하게' '불편하게' '적게'라는 것을 하나의 구호처럼 절대적 진실로 여기라는 말도 아니고, 그렇게 되기 위해 애를 쓰라는 말도 아니다. 모든 사람이 너도나도 우르르 과도한 욕망과 소유를 향해 달려가던 삶의 속도를 조금 늦추고 멈춘 뒤 잠시 현실을 바라보자는 것이다.

사실 불교의 무소유無所有는 소유하지 말라는 것이 아니라, 소유하더라도 본래 소유한 바가 없음을 깨달으라는 뜻이다. 소유물은 그저 인연 따라 오고갈 뿐이다. 내 뜻 따라 오고 가는 것이 아니다. 시절인연이 갖춰져야만 오는 것지, 아무리 원한다고 가질 수 있는 것은 아니다. 그러니 소유를 위해 최선을 다해도 좋다. 열심히 돈을 벌어도 좋다. 다만 소유물에 대한 과도한 집착은 내려놓을 수 있다. 하되 함이 없이 하는 것이다.

열심히 했는데도 얻지 못할 때 괴로워할 필요는 없다. 바로 그때가 저절로 '불편하게' '부족하게'가 실천되고 있는 때이니, 그때도 좋지 않은가. 불교의 무소유는 소유하지 말라는 말도 아니고 열심히 살지 말라는 말도 아니다. 되면 되어서 좋고 안 되면 안 되어서 좋은, 있는 그대로 허용하는 지혜를 깨닫는 것이다. 이렇게 삶을 받아들이게 되면, 있으면 있어서 좋고 없을 때는 없는 대로 좋다. 뭐든 다 좋다. 인생은 언제나 날마다 좋은 날뿐이다.

부자보다는 잘 사는 사람

 모든 사람이 부자를 꿈꾼다. 너도나도 부자가 되는 길에 완전히 목숨을 걸었지 싶다. 수단과 방법을 가리지 않고 경제적 부유함만을 좇아 쉴 새 없이 뛰고 또 뛴다. 그 질주는 좀처럼 멈출 기미를 보이지 않는다. 현기증이 날 지경이다.
 모든 사람이 그렇게 달려가고 있다 보니, 이제는 그렇게 달리는 것이 더 편안해 보인다. 계속 뛰고 또 뛰어야 안심이 되지, 뛰던 걸음을 멈추면 낙오할 것 같고 불안하다. 부, 그 하나를 얻기 위해서 우리는 얼마나 많은 것을 잃고 있는가.
 수많은 현자가 수없이 말해왔다. "욕망을 버려라. 소유를 버려라. 부유함을 버리고 가난을 택하라." 그럼으로써 수많은 사람을 죄의식에 얽매이게 했다. 그러나 그것은 현대인들이 너무 부자, 소유, 욕망에만 얽매이기 때문에 균형을 맞추기 위해 다른 한쪽을 강조한 것이다. 부자는 나쁘고 가난만 좋다거나 모두가 부자를 버리고 가난을 택하라는 뜻은 아니다.

누구나 공통으로 추구하는 부자 되는 길을 전적으로 반대하고 싶지는 않다. 또 그렇게 말한다고 해서 부를 향한 속도전이 좀처럼 멈출 것 같지도 않다. 부자가 되고 싶다면 그렇게 하라. 물론 청빈하게 살고 싶다면 그것도 좋다.

소유도 좋고 무소유도 좋다. 사실 그것은 '내 뜻'에 달린 일이 아니라 인연 따라 될 것은 되고 안 될 것은 안 된다. 소유와 무소유는 내 쪽에서 선택할 수 있는 것이 아니다. 인연 따라 오는 현실을 그저 무엇이든 활짝 열린 가슴으로 받아들일 수 있을 뿐이다. 풍요가 오든 가난이 오든 무엇이든 다 받아들여 만족하며 잘 쓸 수 있는 것이 참된 지혜다.

그러니 중요한 것은 부자가 될 것인가, 가난을 선택할 것인가, 부자가 되려면 어떻게 해야 할 것인가 등이 아니다. 부자와 가난, 무엇이든 열린 마음으로 허용하고 주어진 삶을 충분히 만족하며 사는 데 있다. 부자냐 가난하냐가 중요한 게 아니라 어느 쪽이 오든 현실을 인정하고 그런 인정 위에서 무엇이든 새롭게 시작할 수 있다.

누구나 때로는 가난하고 때로는 풍요롭다. 그것은 오고 간다. 무엇이 왔느냐가 중요한 것이 아니라 어느 것이 오든 상관없이 외부 경계에 휘둘리지 않고 자기중심에 뿌리내리는 것이 귀하다.

그런데도 현대인들은 가난을 버리고 부자가 되기 위한 질주에 너무 광적으로 집착하고 있다. 부유함에 악착같이 집착해야지만 돈을 벌 수 있는 것은 아니다. 부자가 되어야지만 잘 사는 것도 아니다.

부자가 되는 것보다 더 중요한 것은 '잘 사는' 것이다. 언제나 '되는 것'보다 중요한 것은 '있는 것'이다. '무엇이 되고 싶은가'보다 '무엇으로 살고 있는가'가 더 의미 있는 질문이 아닐까?

잘 산다는 것은 무엇인가. 그것은 잘 사는 특정한 '상태'가 아니다. 부자로 사는 것과 가난하게 사는 것 중에 무엇이 잘 사는 것일까? 그것은 겉모습일 뿐이다. 진정 잘 사는 것은 부자와 가난 같은 모양에 있지 않다. 그 겉모습이나 상황, 조건과는 상관없이 언제나 늘 잘 살 수 있다.

그런데도 우리는 왜 그토록 '잘 사는 조건'이라는 목록을 만들어 놓고, 그것을 얻고 갖고 되는 것에만 관심을 기울여 왔을까? 진짜 잘 사는 것에는 목록이 필요 없다. 만약 세상 사람들이 말하는 부자, 명예, 권력, 지위, 학벌, 아파트 등의 잘 사는 사람 목록이 정해져 있다면, 그것의 유무에 따라 잘 살고 못 사는 것이 나뉠 것이다. 그러나 아무리 돈이 많고 권력과 지위가 높아도 못사는 사람이 있고, 그런 조건이 없어도 잘 사는 사람이 있다. 잘 사는 것은 조건, 상황과 같은 조건이 필요하지 않기 때문이다.

진정 잘 사는 것은 '잘 살기 위한 목록'을 늘려나가는 것에 있는 것이 아니라, 그 목록의 유무와 상관없이 언제나 '잘 살 수 있는' 마음에 있다. 그것은 어떤 마음일까? 누구나 본래부터 이 잘 살 수 있는 마음 DNA를 가지고 태어났다. 이것은 얻는 것이 아니고 본래부터 주어진 것이다. 그것을 불교에서는 본래면목本來面目이라고 부른다.

이것은 불생불멸不生不滅하여 새롭게 생겨나지도 사라지지도 않는, 언제나 늘 있는 본래의 마음이다. 조건에 휘둘리지 않으며 어떤 상황에도 끌려가지 않고 늘 그 모든 바탕, 배경의 자리에서 늘 여여부동如如不動하게 비추는 거울 같은 마음이다. 이 본래 마음으로 살 때 우리는 상황이나 조건과 상관없이 언제나 여여하게 잘 살 수 있다.

　이것이 해탈이고 열반이며 깨달음이지만, 이런 단어가 주는 무게감에 짓눌릴 필요는 없다. 전혀 어려운 것도 아니고 언제나 늘 있던 바로 이 마음이기 때문이다. 바로 지금 이 글을 읽고 있는 그 마음이다. 이 마음 하나를 써서 밥도 먹고 잠도 자고 일도 하고 무엇이든 보고 듣고 느끼고 아는 것을 전부 이 마음이 한다. 그러나 이 마음은 분명히 작용하고 있음에도 눈으로 볼 수 없고 만질 수도 없으며 생각으로 알 수도 없다. 이것은 대상이 아니기 때문이다.

　이 진정한 나의 본래 마음은 표면의 상황과는 상관없이 '늘 비추는 텅 빈 고요함'이다. 우리 안의 중심에는 거울처럼 비추는 마음이 있다. 비추어지는 내용물은 무엇이 오든, 부자가 오든 가난이 오든, 삶이 행복하든 괴롭든, 그렇게 오고 가는 내용물은 무엇이든 그 모든 오고 가는 것들을 비추는 거울 같은 본래 마음이 우리의 본성이다. 여기에 중심을 두면 삶의 내용물과는 상관없이 언제나 늘 여여한 고요한 본성으로 살아갈 수 있다.

　얼마 전 그토록 열심히 일하던 직장을 그만두게 된 한 가족이 있었다. 다들 걱정했지만 오히려 그 가족은 더 큰 것을 얻었다고 말했다. 아내는 내 남편이 이런 사람이었는지 처음 알았다고 고백했다. 직장을 그만두고 났더니 아이들과 놀아주고 학교생활도 묻고 아내에게 사소한 관심을 보이더라는 것이다. 또 남편은 가족의 따뜻함과 사랑스러움을 비로소 알게 되었다고 했다. 처음으로 가족 다함께 여행도 떠나고 등산도 다닌다고 좋아했다. 그동안은 오직 직장과 일 밖에 모르던 사람이 이제야 비로소 작지만 정말 중요한 것에 눈을 뜨게 되었다.
　이렇듯 부자를 향한, 성공을 향한 우리의 질주를 멈출 때 비로소 나 자신의 본연의 모습이 보이기 시작한다. 부자와 성공을 향해 달려가는 동안은 그 질주에 온통 신경을 빼앗겨 버려서 진정으로 중요한 것을 놓치기 쉽다. 진정으로 중요한 것은 아주 가까이 있다. 아이들을 아빠와 놀고 싶어 하는 그 눈망울, 그것은 성공해야만 할 수 있는 것이 아니다.

지금 당장 짐을 내려놓고 아이와 진정으로 뛰어놀 수 있다. 오랜 육아로 힘들어 지쳐 있는 아내의 모습, 일과 진급과 성공을 향해 앞만 보고 온갖 눈치를 보며 불안하게 내달리는 남편의 모습, 그것을 서로 외면하며 자기 길만을 힘겹게 갈 것이 아니라 지금 당장 서로의 눈길을 따뜻하게 바라봐 줄 수 있다. 이런 일은 아주 작고 사소한 듯하지만, 또 성공을 위해서는 희생되어도 좋을 것 같지만 사실은 가장 중요한 것들 아닌가?

성공하고 진급하는 것은 무척이나 힘이 들고 될지 안 될지도 확실하지도 않은데, 사람들은 거기에 인생 전부를 거는 데 주저하지 않는다. 그러나 눈앞에서 아내와 남편을 사랑으로 만나고 아이와 놀아주는 것은 바로 지금 당장 할 수 있다. 이것은 누구나 할 수 있는 본연의 지혜다. 성공은 지금 당장 우리에게 없을지 모르지만 바로 지금 행복하게 살 수 있는 지혜는 누구에게나 있다. 성공과 부자를 향한 질주에 눈이 멀지만 않으면, 잠시 그 집착을 내려놓을 수만 있다면 바로 지금 언제나 있었던, 너무나 당연한 평범하고 소박한 일상이라는 진정한 가치에 곧장 눈을 뜰 수 있다.

우리 삶을 지켜보자. 학창 시절에는 좋고 나쁘던 성적이 왔다 가고, 20대에는 사랑이 왔다가 가고, 30대에는 직장과 진급 등이 왔다가 간다. 눈앞에서 성공도 실패도, 사랑도 미움도, 부자도 가난도, 삶의 모든 우여곡절이 오고 간다. 그러나 그 모든 좋고 나쁜 삶의 내용물들이 오고 갈 때, 그 모든 삶의 내용물이 올 때 온 줄 알고 갈 때 간 줄 아는, 그 모든 것을 알아차리는 마음은 전혀 오고 가지 않는다. 이 본래면목이라는 바탕의 마음은 텅 비어서 볼 수도 알 수도 없지만, 늘 거울처럼 삶의 모든 내용물을 알아차리고 비춘다.

성공과 실패, 부자와 가난이 이 마음 위에서 비추어지지만, 이 바탕의 마음에는 성공도 없고 실패도 없다. 영화 스크린이 깨끗하기에 모든 영화의 내용을 비추듯 우리의 이 마음도 텅 비어 깨끗하기에 삶의 모든 내용물을 비춘다. 이 바탕의 텅 비고 깨끗한 알아차리는 마음이 바로 우리의 본래면목, 진정한 자기 자신이다. 그런데도 우리는 이 근원의 마음은 있는지조차 모르고 살아왔다. 오직 이 텅 빈 바탕의 마음 위에 그림 그려지는 내용물, 즉 성공과 실패, 부자와 가난 등의 이미지에만 정신이 꽂혀서 살아왔다. 그 이미지와 삶의 내용물이 곧 나 자신인 것으로 오해해 온 것이다. 그러다 보니 이 진정한 마음에 있지를 못하고 마음 위에 드러난 삶의 내용물에만 끌려다니며 살았다.

이 본래의 마음은 모든 것을 다 포용한다. 허공처럼 드넓어서 좋고 싫은 모든 삶의 내용물을 다 비춘다. 그러면서도 좋고 싫은 내용물에 끌려다니지 않는다. 이 마음을 발견하는 것이야말로 가장 위대한 지혜이며 고타마 싯다르타의 깨달음이 바로 이것이다. 이것이야말로 진정으로 잘 사는 것이다.

잘 사는 사람이 되기 위한 15가지 생활수행

누구나 삶을 잘 살고 싶다. 그러나 과연 어떻게 사는 것이 잘 사는 길인가. '이렇게 사는 것이 잘 사는 것이다'라는 정답이 있고 체크리스트가 있어서 매일 확인해 볼 수 있다면 좋겠지만, 우리 삶이라는 것이 그렇게 딱 정해진 것만은 아니기에 그런 것이 있을 리 만무하다.

사실 정해진 '잘 사는 삶'이라는 것은 없다. 만약 우리가 참된 지혜를 깨닫게 된다면 어떤 삶을 살든 저절로 삶은 바르게 될 것이다. 그러나 세상에는 그런 진리 자체만 필요한 것이 아니라 방편의 쉬운 길도 필요하다. 어떤 종교에서든 어떤 사상이나 가르침에서든, 공통으로 적용될 법한 '잘 사는 방법'이라는 방편이 때로는 더 와 닿을 때도 있지 않을까?

그런 점에서 저마다 자기답게 실천해야 할 세부적인 부

분은 개개인에게 맡겨 두고 전체적인 진리의 본질로 우리가 삶 속에서 어떻게 마음을 쓰고 어떻게 참된 삶을 살아갈 수 있는가 하는 실천의 덕목을 몇 가지 소개하고자 한다.

매일 아침저녁으로 이 목록을 펴고 하나하나 비추어 보며 사유의 뜰을 넓혀 보는 것도 좋을 것이다. 혹은 힘든 일로 마음이 괴로울 때 그때 이 목록을 펴 보는 것도 도움이 될 수 있겠다. 타 종교 혹은 전혀 종교나 영성에 관심이 없는 사람이라 할지라도 충분히 실천해 볼 만한 보편적인 지혜의 방편을 담았으니, 충분히 도움을 받을 수 있을 것이다.

① **일체를 다 받아들여라. 대수용**

내 삶에 등장하는 그 어떤 사건도, 사람도 모두 온전한 진리의 목적을 가지고 온다. 정확히 필요한 일만이 정확히 필요한 바로 그때 찾아온다. 또한 그 모든 것들은 나를 돕기 위한 목적으로 온다. 삶은 그대로 진리 그 자체다. 그러니 삶의 모든 것을 통째로 받아들여라. 좋다고 너무 집착하지 말고, 싫다고 미워하지 말고, 있는 그대로 받아들이면 괴로울 일이 없다. 내 생각을 믿지 말고 삶이라는 현실을 믿어라. 현실이라는 진실에 모든 것을 내맡겨 보라.

> ✓ 어떤 상황이 오더라도, '이래도 좋고 저래도 좋다'고 말하라.
> ✓ 아무리 최악의 상황이더라도 '우주가 나를 돕고 있다'라고 외쳐라.
> ✓ 괴롭다는 판단만 없으면 결국 삶은 전부 좋다. 날마다 좋은 날!
> ✓ 언제나 삶에 일어나야 할 정확한 진리의 일만 일어난다. 내가 모를 뿐!

② **집착을 버려라. 놓아라. 방하착** 放下著

모든 괴로움의 원인은 집착에 있다. 돈도 명예도 사랑도 소유도 성공도 지식도 가치관도 집착할 것이 못 된다. 괴로움을 여의고 진정한 행복을 찾는 비결은 무집착에 있다. 집착할 것이 없으면 괴로울 것도 없다. 변한다는 이치를 받아들이면 집착할 것이 없음을 깨닫게 된다. 아상, 집착, 욕망, 분별, 생각이 허망함을 보라. 비워야 채워지고, 내려놓을 때 오히려 잡을 수 있다.

> ✓ 지금 죽을 수 없는 이유를 적어보라. 그것이 내 집착의 목록이다.
> ✓ 지금 괴롭다면 집착하는 게 있기 때문이다. 그 집착을 찾아라.
> ✓ 욕망과 집착의 목록을 만들고 버리기 쉬운 것부터 지워본다.
> ✓ 집착하는 모든 것은 분명 버릴 수 있다. 못 버릴 것 같겠지만.

③ **지금 이 순간 깨어 있으라. 관觀하라.**

생각을 과거나 미래로 보내지 말라. 지금 여기에 있으라. 관찰자가 되어 바라보라. 한 발 뒤에서 지켜보라. 생각, 느낌, 몸, 호흡, 세상을 아무 판단 없이 다만 지켜보고 관찰하라. 생각을 따라가며 끌려다니는 것을 멈추고 생각 없는 지금 여기로 돌아오라. 알아차려지는 대상에 관심을 끄고, 알아차리는 이 마음을 보라. 억지로 내가 알아차리는 것이 아니라,

저절로 알아차려지고 있을 뿐이다. 저절로 관觀하는 이것은 무엇인가?

> ✓ 아침저녁으로 10분 좌선에 들어 마음을 무심하게 바라본다.
> ✓ 하루 일과 중 틈틈이 들숨과 날숨을 관찰한다. 3분 호흡관.
> ✓ 화날 때 화내기 전에 먼저 무심하게 호흡을 10번 관찰한다.
> ✓ 내가 알아차리는 것 말고, 저절로 알아차려지는 마음을 확인한다.

④ 자연의 흐름에 맡긴다. 도에 내맡김

내가 무엇을 한다는 생각을 버려라. 나는 없다. 오직 본연의 성품이 있을 뿐. 내가 한다고 하면 내가 괴롭고 즐겁지만, 모든 것을 맡기면 괴로울 것도 즐거울 것도 없다. 늘 한결같이 살 수 있다. 모든 것을 맡기고 자연스럽게 살라. 자연의 흐름, 진리의 흐름에 내 몸을 맡겨라. 일할 때도 자연스러운 분위기와 흐름을 타고 자연스럽게 되는 것이 가장 좋다.

- ✓ 3번 이상 해봐도 안 되면 포기할 수 있는 용기도 필요하다.
- ✓ 모든 일은 '내 일이 아닌 진리의 일', 진리에 일체를 내맡긴다.
- ✓ 잘 되든 못 되든 상관하지 말고 더 큰 의미가 있다고 믿으라.
- ✓ 생각대로 되는 것보다 현실대로 되는 것이 더 지혜롭다.

⑤ **사랑과 자비를 베풀라. 나누어 줘라.**

'내 것'이란 없다. 잠시 나에게로 흘러왔다가 흘러갈 뿐이다. 그것을 흐르도록 둬라. 내 안에 가둬 쌓아두지 말라. 끊임없이 자비와 사랑을 나누되 베풀었다는 생각을 버려라. 베풀어도 사실은 베푼 것이 아니라 잠시 이쪽에서 저쪽으로 인연 따라 정확히 필요한 곳에 가닿을 뿐이다. 준다는 것은 곧 받는다는 것을 의미한다. 온 세상이 한 몸이라는 동체同體

의 깨달음에서 참된 자비가 나온다. 나와 세계가 한 몸이니 베풀어도 베푼 것이 아니며, 저절로 베풀게 될 것이다.

✓ 월급 일부를 보시와 나눔을 위한 몫으로 정하자.
✓ 돌려받을 수 없는 곳, 돌려받을 수 없는 사람에게 베풀자.
✓ 하루 한 명 이상에게 물질이든 마음이든 나누고 베풀고 돕자.
✓ 타인을 도울 때 곧 나를 돕는 것이고, 빼앗을 때 빼앗긴다.

⑥ 적게 생각하고 많이 행동하라. 생각을 믿지 말라.

될 수 있다면 머리를 적게 굴리는 것이 좋다. 생각은 본연의 진리를 막아선다. 생각과 판단을 줄이면 삶이 선명해지고 명료해진다. 많이 생각하기보다는 많이 저질러라. 행동은 깨달음의 지름길이란 말이 있다. 세상 모든 것을 좋거나 나쁘다고 생각으로 판단하지 말고 있는 그대로 보라. 안다는 착각에서 벗어나라. 안다는 것은 망상이고 모름을 인정하는 것이 지혜다.

> ✓ 도움 주고 싶은 생각이 일어나면 바로 주자. 생각이 많으면 못 준다.
> ✓ 아무 판단 분별 없이 그저 들리는 소리를 듣기만 하는 시간을 가지라.
> ✓ 오랫동안 마음만 있었고 용기를 내지 못한 것이 있다면 저질러 보라.
> ✓ '내가 옳다'는 생각이 틀릴 수 있고, 틀린 줄 안 것이 옳을 수도 있다.

⑦ **내 생각을 남에게 주입하지 말라. 고집하지 말라.**

어떤 한 가지 생각에 전적으로 고집하지 말라. 언제든 바꿀 수 있는 유연성을 키워라. 어떤 가르침도, 어떤 사상도 다 받아들일 수 있을 만큼 가슴을 열어라. 어떤 사람에게도 배울 수 있는 자세를 가져라. 내 생각이 옳을 수 있다면 다른 사람의 생각도 옳을 수 있다. 내 생각을 상대에게 주입하지 말라. 어떤 생각이든 상황 따라 상대적인 진실일 뿐 절대로 옳은 건 없다. 어떤 생각, 관념, 신념, 가치관에도 집착하지 말라.

> ✓ 전혀 새로운 분야의 책도 읽어보고 새로운 시도도 해 보라.
> ✓ 나보다 못한 사람에게 배울 수 있는 점을 찾아라.
> ✓ 다른 종교의 경전을 읽어보라.
> ✓ 절대적으로 '옳은 것'은 없으며, 옳다고 여긴 것이 틀릴 수도 있다.

⑧ **부족하게 불편하게 산다. 아끼고 절약한다.**

자식을 실패로 이끄는 가장 확실한 방법은 원하는 것을 다 해주는 것이라는 말이 있다. 가지고 싶은 것을 다 가지고 사는 것보다 조금 불편하고 부족하게 절약하며 사는 가운데에서 사유의 뜰이 넓어진다. 몸이 불편하면 정신이 깨어나지만, 몸이 편한 데 익숙해지면 정신의 지평이 축소되고 만다. 또한 아끼고 절약하는 가운데 충만한 복이 깃든다. 나아가 있고 없음을 뛰어넘는 정신의 지평을 넓힌다. 부자와 가난, 성공과 실패를 둘로 나누지 않는다.

> √ 집에 있는 쓰지 않는 것들은 모아 필요한 곳에 나누어 준다.
> √ 무언가를 살 때, 이것이 욕망에 의한 것인가 필요에 의한 것인가를 살펴라.
> √ 아끼고 절약한 만큼을 돈으로 환산하여 저축하고 보시한다.
> √ 불편과 편함, 부족과 충만, 어떤 것이 와도 변치 않는 본래 마음을 본다.

⑨ 매일 명상과 기도의 시간을 가진다.

명상이란 무엇을 하는 것이 아니다. 하던 모든 것을 그저 단순히 멈추는 것이다. 생각하고 분별하고 판단하는 습관을 내려놓고, 그저 아무것도 하지 않고 그냥 있는 시간을 가져보라. 하루 중 문득 모든 생각을 내려놓고 일어나는 일에 마음을 열고 거울처럼 지켜본다. 보이는 대상을 따라가며 분별하지 않고, 보는 놈이 누군지를 돌이켜 본다. '하는' '되는' '가지는' 시간이 아닌 그저 '있는' 시간을 가진다.

> ✓ 무언가를 '하는' 것을 멈추고, 그냥 '있는' 시간을 가진다.
> ✓ 기도의 본질은 감사다. 순간순간 아무리 작은 일에도 감사의 기도를 드린다.
> ✓ 주 1회 이상은 자신이 믿는 종교의 성전에서 기도한다.
> ✓ 호흡, 몸, 느낌, 소리를 관찰하되, 힘을 빼고 있는 그대로 본다.

⑩ **적게 말하고 많이 들어라. 침묵하라.**

말이 많아지면 그만큼 허물도 늘어난다. 입이 가벼우면 생각도 가벼워지고 행동 또한 가벼워져 자기중심을 잡기 어렵다. 입이 화의 근원이고 번뇌의 근원이다. 침묵하는 자는 쉬 들뜨지 않으며 가볍지 않고 쉽게 행동하지 않는다. 내 생각과 견해를 상대방에게 말함으로써 인정받고자 하는 생각을 버려라. 중생에겐 아상我相이 있어서 말이 많으면 주로 내 자랑을 하거나 남 욕을 하기 쉽다. 침묵에는 허물이 없다.

> ✓ 상대방의 말을 주의 깊게 경청하고 공감하라. 끝까지 듣고 후에 말하라.
> ✓ 때때로 말하지 않는 '묵언'의 시간을 가져라.
> ✓ 대화 중에 말을 관찰하고 내가 종일 했던 말의 목록을 적어보라.
> ✓ 말할 때는 은근한 내 자랑과 남 험담을 하지 않는다.

⑪ **자연의 먹을거리로 소식하라. 자연치유력을 높인다.**

인공적인 것, 가공된 것, 인간의 욕심이 개입된 먹을거리는 곧 우리 몸을 혼탁하게 만드는 주범이다. 몸이 맑아져야 마음도 함께 맑아진다. 자연 그대로의 음식을 먹자. 자연의 생명이 담긴 음식은 곧 우리 몸의 자연치유력을 높여주어 온갖 병을 예방한다. 또한 음식을 먹을 때는 소식을 원칙으로 한다. 많이 먹을수록 식복이 다해 수명도 줄어들뿐더러 정신도 둔해진다.

✓ 가족이 함께 주말농장을 시도해 보자. 가족의 먹을거리를 직접 생산해서 먹는다.
✓ 가공식품, 인스턴트식품, 탄산음료 등을 먹지 않는 날을 정하라.
✓ 하루 한 끼 이상은 잡곡밥과 채소, 콩, 감자 등만으로 소식한다.
✓ 매일 자신이 먹는 음식 일기를 적어본다. 먹는 것이 곧 나다.

⑫ 홀로 있는 시간을 가져라. 외롭고 고독한 시간을 즐겨라.

외롭게 홀로 존재한다는 것은 그 자체만으로도 깊은 신앙적 기도다. 홀로 있을 때 비로소 내 안의 본래 나를 만날 수 있고 부처와 신과의 연결도 이루어진다. 홀로 존재하는 시간이 많을수록 오롯한 정신이 내 안에 뿌리를 내린다. 아무리 홀로 있어도 끊임없이 생각하고 있다면 그건 생각과 함께 있는 것이지, 홀로 있음이 아니다. 진정한 홀로 있는 즐거움은 사람뿐 아니라 소유물과 생각 등에서도 벗어나 텅 빈 마음으로 있는 것이다.

     ✓ 때때로 홀로 여행을 떠나라.
     ✓ 하루 중에 아무 생각 없이 홀로 아무것도 하지 않는 시간을 가져라.
     ✓ 일주일에 며칠은 집에서 텔레비전을 켜지 않고 지낸다.
     ✓ 스마트폰을 들기 전과 후에 먼저 5초 쉼의 시간을 가져라.

⑬ **매일 숲길을 걸어라. 산책의 시간을 가져라.**

숲길이나 산길을 홀로 걷는 산책의 시간은 더없이 소중한 자기와의 대면이며 걷는 일 자체가 경행經行 수행이 된다. 걸음을 마음을 관찰하며 걸어라. 서서 두 발로 대지 위를 걷는 것이야말로 몸 건강에도 정신 건강에도 큰 도움을 가져온다. 부수적으로 산책의 시간에 가장 창의적인 아이디어도 떠오르고 일도 삶도 정리해 볼 수 있다. 흙과 가까워질수록 병원과는 멀어진다는 말이 있다. 아파트 문화에 익숙한 사람에게 맨발로 숲길 걷기는 최고의 치유다.

> ✓ 아침이나 저녁 중 한때를 정해 가까운 산으로 산책을 나서라.
> ✓ 주말이면 홀로, 혹은 가족과 산에 올라라.
> ✓ 숲길을 걸으며 발바닥에 마음을 모아 집중하고 그 느낌을 알아차린다.
> ✓ 신발을 벗고 맨발로 흙 위를 걷는 어싱earthing을 하라.

⑭ **자연의 변화를 살핀다. 꽃이 피고 지는 것을 유심히 지켜본다.**

자연이야말로 가장 진리와 합일을 이루는 생명이다. 자연과 가까이하면 우리 마음도 자연을 닮아가고 그 지혜를 배우게 된다. 자연의 변화를 지켜보는 일은 곧 마음을 비우는 일이다. 마음에 일이 많을 때 자연을 잊게 된다. 자연의 아름다움을 찬탄할 때 고요한 본연의 마음이 살뜰히 살아난다.

- ✓ 봄부터 겨울까지 한 그루 나무나 야생화를 정해 매일 관찰해 보라.
- ✓ 계절의 변화를 오감으로 느껴보고 자연 관찰 일기를 적어 보라.
- ✓ 식물도감을 가까이하고 식물의 이름을 알아본다.
- ✓ 아침 일출을 보며 하루를 열고, 저녁노을로 하루를 마무리하라.

⑮ **자기다운 삶을 살라. 누구처럼 살려고 애쓰지 말라.**

 남처럼 살려고 애쓰지 말고 독창적인 자기 자신의 길을 걸어라. '나'라는 존재는 이 세상에 단 하나밖에 없는 유일무이한 진리의 표현이다. 누구처럼 사는 것은 억지스럽지만 나답게 사는 것은 자연스럽고 쉽다. 자기다운 일을 하는 것이야말로 자신이 이 세상에 나온 진리의 목적을 이루는 것이다. 나다운 삶은 이미 완성되어 있다. 억지스러울 필요가 없다.

- ✓ 내가 정말 하고 싶은 일, 행복한 일은 무엇인가. 그것을 하라.
- ✓ 사소한 것일지라도 나의 긍정적인 면을 100가지 이상 찾아보라.
- ✓ 무엇이든 남과 나를 비교하지 말라.
- ✓ 나는 곧 진리의 현현이니, 나 자신을 있는 그대로 사랑하고 믿으라.

참된 앎은 곧 존재를 변화시킨다. 머리로만 읽을 것이 아니라 가슴으로 받아들이게 될 때 그것은 진정 자기 것이 되어 삶을 변화시킨다. 하나하나의 목록이 어찌 생각해 보면 별 내용 아닌 듯 느낄지 모르지만, 이 안에 신비로운 지혜의 소식이 담겨 있다. 모르긴 해도 수많은 종교나 사상, 철학, 성인들의 가르침이 이 속에 고스란히 녹아 있을 것이다.

그렇다고 억지로 실천하려고 애쓸 필요는 없다. 무슨 거창한 수행을 한다거나 삶을 변화시키겠다거나 하는 노력을 기울일 것도 없다. 가슴으로 받아들이면 저절로 실천된다. 머리로 아는 것이 아닌 가슴으로 스며들어 감동하게 된다면 그것은 저절로 체화될 것이다. 어느새 자신도 모르게 내면 깊은 곳에 몇몇 언어들이 생명력을 일으키며 물결을 일으킬 것이다.

수행이란, 마음공부란 사실 그리 어려운 것이 아니다. 그동안 우리는 수행과 명상에 대해 너무 높은 울타리를 치고 있었다. 억지스러운 노력과 애씀은 오히려 마음을 무겁게 만든다. 수행을 오히려 나와 멀어지게 만든다. 고행주의를 버리라고 했던 부처의 말은 이미 2,500여 년 전에 있었지만, 그 오랜 시간이 흐른 지금까지도 여전히 수행은 고도의 고행과 노력을 감당해 낼 수 있는 소수의 사람만 하는 것으로 생각하고 있다.

수행은 특별한 사람만 할 수 있는 어떤 고난도의 기술이 아니다. 너무 쉽고 단순해서 오히려 어렵게 느끼는 것이 수행이요, 명상이다. 그러니 그동안 가져왔던 수행에 대한, 명상에 대한 벽을 깨라. 아주 자연스럽게, 아주 쉽고 단순하게, 아주 편안한 마음으로 긴장을 풀기 바란다. 그랬을 때 비로소 우리의 삶은 변화될 수 있다. 내 안의 깊은 휴식의 공간이 비로소 본연의 휴식을 취할 수 있게 된다.

당신 삶이 이미 대박이다

　수많은 사람이 대박의 환상에 사로잡혀 어리석게 살아간다. 주위에 친근한 동료 몇몇이 주식이나 코인으로 대박을 터트려 집이나 차를 사고 수억을 벌었다는 이야기가 돌면 설마 하던 이들까지 너나없이 모두 헛된 꿈을 꾸기 시작한다.

　그러나 조심스레 돌이켜 한번 생각해 보자. 세상에 주식 투자하여 득을 본 사람이 더 많은가, 실을 본 사람이 더 많은가. 어느 언론의 자료에서 보니 길게 보면 거의 97% 정도가 주식으로 손해를 본다고 한다. 그리고 또 어떤 기사에서는 주식으로 돈을 벌겠다고 욕심내는 사람은 돈을 잃기 쉽고, 오히려 없어도 된다는 마음으로 여윳돈으로 가볍게 욕심 없이 주식을 하는 사람은 적더라도 꾸준하게 돈을 번다고 한다.

　주식이 현대 사회에서 어떤 것인지 다 알지 못하다 보니 주식 자체를 가지고 좋다거나 나쁘다고 할 마음은 없다. 주식에 투자하는 사람을 탓할 이유도 없다. 다만 주식이든 코인이든, 로또든 복권이든, 무슨 투자가 되었든 그것 자체가 옳고 그른 것이 아니라 그것을 하는 사람의 마음에 바르고 삿됨이 있지 않을까? 무엇이든 과도하게 집착하고 과도하게 욕망하면 그것은 집착과 욕망의 수렁이 된다. 핵심은 마음이 그것에 과도하게 사로잡힐 때 병이 되는 것이다.

불교에서는 일체 모든 것들은 전부 인연 따라서 왔다가 가는 것일 뿐이라고 설한다. 제행무상諸行無常이다. 인연 따라왔다가 가는 것을 생멸법生滅法, 생사법生死法, 만법萬法이라고 부르는데, 만법은 전부 다 항상하지 않고 잠깐 왔다가 갈 뿐이다. 잠깐 생겨났다가 허망하게 사라지는 것이라면 거기에는 고정된 실체가 없다. 어젯밤 꿈과도 같고 물거품과도 같이 잠시 생겨났다가는 내가 원하지 않더라도 인연 따라 그저 떠나갈 뿐이다. 아무리 붙잡고 늘어지고 애착을 하더라도 떠나갈 것은 반드시 떠나가고야 만다. 그것도 내 뜻대로 오고 가는 것이 아니라 제 인연의 법칙에 따라 자기가 오고 싶을 때 왔다가 가고 싶을 때 갈 뿐이다.

그러나 사람들은 이렇듯 인연 따라 오고가는 '것'에 자기 식대로 분별 해석 판단을 가한 뒤에 좋은 것에는 집착하고 싫은 것은 미워한다. 취사간택심取捨揀澤心이다. 이것이 모든 괴로움을 불러온다.

부자, 돈, 명예, 권력, 지위, 대박 등 우리가 가지고 싶어 하는 것들 또한 내가 원한다고 오고, 가라고 하면 가는 것이 아니라 제 인연 따라 오고갈 뿐이다. 우리는 그 인연이 언제쯤 올지 언제쯤 갈지를 도무지 알 수 없다. 그러니 집착해 봐야 소용이 없다. 집착하면 그저 나만 괴로울 뿐이다.

내가 주식으로 대박을 터트리고 싶다고 그렇게 되는 것이 아니다. 부자의 인연이 올 때가 되면 과도하게 애쓰고 노력하지 않더라도 신묘하고 불가사의하게 나도 모르게 인연이 풀리고 무엇이든 되는 일들이 저절로 벌어진다. 그러나 아직 시절인연이 오지 않았다면 아무리 애쓰고 노력하고 주식차트를 연구하고 세계의 경제와 대기업들에 대해 속속들이 공부한다고 하더라도, 내 머리로 도저히 이해가 안 되고 모르는 정보가 있는 법이다.

우리는 세계적인 주식 전문가나 경제 전문가가 있다고 여기지만, 진실을 보면 그 분야에서 성공한 사람들조차 사실은 운이 좋았음을 인정하며 결국 자신도 다 알 수 없음을 인정한다. 이것을 인정할 줄 아는 이가 지혜로운 자다. 모름을 인정하니 오만하게 투자하지 않는다. 무리수를 두지 않는다. 자신의 한계를 인정한다.

이러한 삶의 지혜에 눈을 뜨게 된다면, 모른다는 사실을 겸허히 인정하고 모르기에 최선을 다하되 과도하게 욕심내지 않는 삶의 실천이 뒤따른다. 이런 사람이라면 허망하게 무리수를 두지도 않고 소위 대박을 꿈꾸지도 않는다. 그저 자신이 할 수 있는 최선을 다하고 결과는 하늘에 내맡긴다.

이러한 진실을 본다면 삶에 대박은 없다. 그저 자연스럽게 인연 따라 펼쳐지는 삶의 변화가 있을 뿐이다. 만약 누군가가 대박이 났다면 그것은 대박이 아니라 그저 그의 인연이며 복의 과보인 것이다. 그에게 대박 같은 사건이 일어났다고 나에게도 그런 일이 일어나야 한다고 여긴다면 그건 어리석은 생각이다. 인연의 법칙은 그 누구도 알 수 없다. 그러니 타인의 업과 나의 업을 비교하는 것은 어리석다.

그저 나는 나답게 살아갈 뿐이고 자기다운 삶의 인연이 펼쳐지는 신비에 그저 순응할 수 있을 뿐이다. 생각 속에서 대박을 꿈꾸는 순간 허망한 망상의 늪에 빠진다. 그 대박이란 발상 자체가 자기 생각으로 만든 분별 망상이며 욕망이기 때문이다.

정작 진정한 대박은 다른 데에 있다. 인생의 진정한 대박은 어렵게 만들거나 힘들게 쟁취하는 것이 아니다. 본래 늘 있는 것이며, 생겨나거나 사라지지 않는 것만이 진정한 삶의 대박일 수 있지 않을까? 과연 그것은 무엇일까? 그런 것이 있기는 할까?

그것은 바로 나라는 존재의 근원, 나의 본래면목이다. 진정한 나는 이 몸과 마음이 아니다. 불교 교리로 말하면 '조견오온개공照見五蘊皆空 도일체고액度一切苦厄', 즉 오온이라는 몸과 마음이 텅 비었음을 바로 볼 때 비로소 일체의 모든 고통에서 벗어난다는 뜻이다. 이 몸과 마음을 '나'라고 여기면 이 '나'를 중심으로 이기심이 생겨나고 원하는 것이 생겨나며 '내 뜻'대로 살고 싶고 '내 것'을 늘려나가고 싶은 등의 아상과 아집이 생긴다. 이것이 모든 중생의 근본적인 삶의 동기이자 욕망이다. 바로 이 '나'라는 아상, 에고에서 모든 괴로움은 생겨난다.

불교와 선禪에서는 이 몸과 마음이 내가 아님을 밝히고 진정한 나는 볼 수도 없고 알 수도 없지만, 늘 이렇게 살아있는 텅 빈 깨어있음을 깨닫도록 이끈다. 바로 그 텅 빈 깨어있음이 우리의 본래면목이며 주인공이고 참나라고 할 만하다. 이것은 내가 만드는 것도 아니고 애써서 얻어야 하는 것도 아니며 늘 언제나 늘 항상 있는 것이다. 우리의 기본상태가 바로 본래면목이다.

이것을 깨닫게 되면 문득 그토록 대박을 꿈꾸었더니 진정한 대박은 언제나 본래부터 있던 이것임을 깨닫는 것이다. 진정한 자기야말로 사라지지 않는 대박이다. 세상의 대박은 있다가도 없고 없다가도 생길 수 있지만, 이 본래면목이라는 진정한 대박 사건은 우리 모두의 기본상태이며 늘 우리가 매 순간 쓰고 있다.

이것이야말로 진정한 삶의 대박 아닌가? 잠깐 생겨났다가 사라지는 것이 뭐 그리 대단하겠는가? 이것을 깨닫게 되면 늙고 병들고 죽는 괴로움을 문득 여의게 된다. 죽음을 뛰어넘는다. 이 몸이 내가 아니라 이 온 우주가 나이며 일체중생이 그대로 나와 다르지 않음을 깨닫게 된다. 이런 정도는 되어야 우리가 이생에 한 번쯤 도전해 볼 만한 마음공부 아닐까?

당신 스스로 확인해 보라. 자신이 누구인지? 이것이 정말 대박 아닌지?

마음에 일을 만들지 말라

젊은 한 친구가 결국 사랑하던 사람과 이별을 고했다. 그러고는 그 괴로움을 달랠 길이 없어 오래도록 혼자 아파했다. 의외로 그 아픔은 깊고도 길었다. 도저히 안 되겠는지 언젠가부터 절에 매일 올라와서는 백팔배도 하고 주말이면 삼천배를 하는지 일만배를 하는지 오래도록 절을 하며 흐느꼈다. 그리고 한두 달쯤 지난 후 이제 겨우 마음을 잡았노라고 했다. 그래도 혼자 아파할 때보다 법당에서 부처님께 의지하며 기도하고 수행하니 마음을 비우기가 훨씬 수월했노라고 했다.

얼마나 다행인지 모른다. 그렇다. 이제 다시 원점으로 돌아왔다. 처음 그 자리 출발선상으로 다시 돌아왔다. 사랑하기 이전 아무 일 없던 평상심의 바로 그 자리로 돌아온 것이다. 우리 사는 모습이, 또 괴로워하며 아파하는 삶의 모든 문제가 이와 같지 않을까.

가만 생각해 보라. 본래부터 내 여자, 내 남자가 어디 있는가. 잠시 인연 따라 사랑도 오고 갈 뿐이다. 그런데 '내 사랑'으로 만들겠다고 공연히 집착하니 모든 괴로움은 거기서 시작되는 것이다. 그 집착은 누가 만들었는가. 나 스스로 만든 것이다. 사랑하는 감정, 애착하는 마음을 스스로 만들어 놓았다. 그러고는 헤어지게 되었다고 스스로 괴로워하고 있으니 그 원인도 나에게 있고 해답 또한 나에게 있는 것이 아닌가. 내가 붙잡아 내 것으로 만들고자 애착을 냈으니 붙잡은 그 마음을 놓을 수 있는 것도 결국 나인 것이다. 그걸 어찌 부처님께서 하느님께서 대신해 줄 수 있겠는가. 나 스스로 놓아버려야 하는 것이다.

그래서 마음에 집착과 애착을 놓아서 다시 편안해졌다고 치자. 그렇다면 그 사람은 그 괴로움을 없앤 것인가. 물론 없앤 것이기는 하지만 본래부터 없던 괴로움을 스스로 만들었다가 그 괴로움에 아파하다가 다시 그 괴로움을 놓아버린 것이 집착이 본래부터 없던 사람이 보기에는 참 공연한 일을 벌인 꼴밖에 되지 않는 것이다. 공연히 스스로 집착하고 아파하고 다시 그것을 놓아버린 것이니 아무 일 없는 사람에게는, 애초부터 집착하지 않았던 사람에게는 이 얼마나 번거롭고 복잡한 일을 꾸민 것이 되겠는가.

그래서 옛말에 수행 잘하는 사람보다 본래부터 '일없는 사람'이 한 수 위라고 하는 것이다. 《증도가》에서는 '무위한 도인無爲閑道人은 부제망상불구진不除妄想不求眞'이라, 일없는 한가한 도인은 망상도 없애지 않고 참됨을 구하지도 않는다고 했다.

임제 스님께서 말씀하신 '평상심이 도'라는 말도 이를 뜻하는 것이다. 임제 스님은 "불법은 애써 구하는 것이 아니라 단지 평상심을 유지하여 특별한 일이 없게 함이니, 추우면 옷을 입고 더우면 옷을 벗고 배고프면 밥을 먹고 졸리면 잠을 자면 되는 것이다. 어리석은 자는 나를 비웃겠지만 지혜로운 사람은 그 뜻을 안다"라고 말씀하셨다. 불법은 애써 구하는 것이 아니라 단지 평상심을 유지하고 특별한 일이 없게 사는 것이다. 깨달으려고 애쓰고, 돈 벌려고 애쓰고, 잘 살려고 애쓰고, 그러는 것이 아니라 애씀 없이, 특별한 일 없이 그냥 물 흐르듯 평화롭게 사는 것, 그것이 불법에 이르는 길이다.

사실 우린 누구나 그렇게 살고 있다. 다만 머릿속에서 자꾸 굴리고 분별하고 따지다 보니 자연스러운 삶의 흐름을 놓치는 것일 뿐이다. 누구나 추우면 옷을 입고 더우면 옷을 벗고, 배고프면 밥을 찾고, 졸리면 잠을 자게 마련 아닌가. 또 누구나 돈이 필요하면 돈을 벌고 마음에 드는 사람이 생기면 하지 말라고 해도 사랑에 빠진다. 그것이 마음을 턱 놓고 자유롭게 사는 평범한 일상이다. 그런데 문제는 이렇게 '그냥' 살면 되는데 자꾸 분별을 짓고 욕심을 부리고 집착하는 데 있다.

추우면 옷을 입으면 되는데 더 좋은 옷을 입으려 하고, 더울 땐 옷을 벗으면 되는데 아까워서 벗지 못하고는 더워 죽겠다고 야단이다. 춥고 덥다는 것은 인연을 말하는 것이다. 인연 따라 상황 따라 마땅히 응해 주면 되는데 거기에 집착하기 시작하면 입지도 벗지도 못하는 꼴이 되고 만다. 배고프면 먹을 것을 먹으면 되는데 우리는 '더 좋은 것'을 먹으려고 애쓰고 '더 많이' 먹으려고 애쓴다. 또 그것도 모자라 지금 배고프면 배를 채우면 되는데 자꾸 미래를 위해 더 많이 축적하려 든다. 그냥 간단하게 살면 되는데 공연히 스스로 복잡하게 만드는 것이다.

사랑이 오면 사랑을 하면 되고, 또 사랑하다 헤어지게 된다면 가슴은 아프겠지만 어쩌겠는가, 그 이별을 받아들일 수밖에. 사람의 인연이란 것이 그렇게 '이 사람 아니면 안 된다'라고 딱 정해진 것이 아니기 때문이다. 그런데도 사람들은 이 사람 아니면 절대 안 된다고 집착하고 어떻게든 '내' 사람으로 만들어야만 사랑이 이루어진 것으로 착각하니 이것이 문제다.

영원한 내 사랑이 어디 있는가? 그가 먼저 떠나든 내가 먼저 떠나든, 죽어서 헤어지든, 모든 만남에는 반드시 이별이 있다. 그것이 인생이고 진리다. 인연생因緣生 인연멸因緣滅, 인연가합因緣假合이라는 진리. 인연 따라 생겨난 것은 인연 따라 사라진다. 인연 따라 생겨나고 사라지는 모든 것은 거짓으로 화합한 것일 뿐이기에 집착할 필요는 없다. 단순하지 않은가? 이것을 받아들일 때 괴로움은 없다. 이 연기법을 모를 때 허망하게 집착하고, 내 것으로 만들고자 하고, 헤어지면 괴로워할 뿐이다.

집착과 분별을 놓고 살면 언뜻 못 살 것 같고 또 시대에 뒤떨어질 것 같고 이래저래 도통 안 될 것 같지만, 사실은 다 놓고 비우고 살았을 때 참된 평화가 찾아온다. 다 놓고 그냥 인연 따라 살면, 애써 구하지 않고 평상심으로 살면 지금 이 자리가 행복의 자리이고 깨달음의 자리이다. 얼핏 들으면 이게 무슨 이야기인가 싶겠지만 조금만 생각해 보면 그 의미를 알 수 있다. 그래서 임제 스님은 어리석은 사람은 나를 비웃지만 지혜로운 사람은 그 뜻을 안다고 하셨다.

이러한 평상심을 마조 선사는 무조작無造作, 무취사無取捨, 무시비無是非, 무단상無斷常, 무범무성無凡無聖이라고 하여 인위적이고 의도적인 조작이 없는 마음, 옳고 그름에 집착하지 않는 마음, 좋고 이익이 되는 것은 취하고 나쁘고 이익되지 않는 것은 버리는 일이 없는 마음, 존재하는 모든 것이 단멸하거나 영원하거나 견해를 떠난 마음, 범부라거나 성인이라는 것에 집착이 없는 마음이라고 했다.

이렇듯 여여부동如如不動한 평상심만 잘 지키면 괴로울 것도 그렇다고 즐거울 것도 없이 마음은 중도中道의 평화를 지키게 된다. 그러나 아무 일 없던 평상심에 한 생각 일으켜 집착과 애욕을 일으키면 순간 평상심은 깨지고 온갖 괴로움이 몰려오는 것이다. 그러니 구도자의 갈 길은 특별한 무언가를 찾겠다거나 좀 더 나은 삶을 좇아 달려가는 것보다는 도리어 아무 일 없는 평상심을 회복하는 것에 있다. 평상심이 한 번 깨지고 나니 회복해야 할 일이 생기는 것이지, 그저 잘 지키고 있었다면 다시금 마음을 일으켜 회복할 것도 없다. 그러니 평상심이야말로 큰 도道다.

이처럼 본래 이 세상에는 아무 일도 없다. 다만 이 세상에 이처럼 수많은 일이 생겨나는 것은 공연히 스스로 붙잡아 만들었기 때문이다. 그래서 중요한 것은 스스로 문제를 만들지 말라는 것이다. 스스로 집착을 만들어내지만 않으면 애초의 처음 그 자리, 적멸寂滅의 자리이다.

보통 상담하고 싶다고 찾아오시는 분들을 뵈면 대부분이 '이렇게 살아야 한다' '이만큼은 이뤄야 한다'라는 집착과 욕심의 틀을 만들어 놓고서 그렇게 살지 못하는 데 대한 괴로움을 하소연하는 경우가 많다. 자신의 틀은 버리지 않으면서 괴로움만 없애 달라고 하니 이 얼마나 답답한 노릇인가.

애서 구하려 하지 않더라도 그 집착의 틀만 벗어버리면 지금 이 자리에서 온전한 행복과 평화를 얻을 수 있다는 사실은 간과하고 있다. 스스로 틀을 만들고 목적을 정해놓으니 그 목적에 도달하지 못했을 때 괴로운 것은 당연한 일 아닌가. 욕심과 집착이라는 짐을 잔뜩 짊어지고 삶의 길을 걸어가다 보면 우리 삶 자체가 무겁고 괴로워지기 마련이다.

'어떤 일' 때문에 괴롭다면 그 문제 해결의 실마리는 바로 그 '어떤 일'에 대한 집착을 놓으면 풀리는 것이 대부분이다. 거의 모든 괴로움의 원인은 집착에 있다고 보면 틀림이 없다. 돈 못 버는 것도 돈에 대한 집착만 놓으면 되고, 어떤 대학 이상은 가야 한다는 생각도 그 목표 지점에 대한 집착을 놓으면 해결된다. 어려운 일이겠지만, 죽음의 문제 역시 죽음에 대한 집착만 놓아버리면 해결이 되는 것이다.

부처님이며 수많은 인류의 성인들은 스스로 집착을 만들어내지 않았다. 스스로 '나다' 하는 에고를 만들지 않았으며 '내 것'이라는 소유의 아집을 일으키지 않았고 '내 생각'에 갇혀 있지도 않았다. 집착과 이기, 욕심과 번뇌를 만들지 않았는데 다시 놓을 것이 무엇인가. 이치 처음부터 텅 비었고 고요했으며 열반의 즐거움에 머물렀을 뿐이다.

공연히 집착을 만들어내 그것으로 아파하고 괴로워하다가, 그것을 없애기 위해 애쓰고, 겨우 그것을 없애고서는 이겨냈다고 자랑스러워하는 이 어리석은 일들을 이제 그만두어야 한다. 애초부터 문제를 만들지 않으면 본래 아무 일 없던 그 적적한 자리일 뿐이다. 그러니 수행 잘하려고 애쓸 것이 아니라 다만 아무 일 없도록 하면 된다. 일을 잘하는 사람보다 본래 일없는 사람이 되어야 한다.

그간 수십 년을 살아오며 마음에 얼마나 많은 짐을 만들어냈는가. 얼마나 많은 집착과 이기를 만들어냈는가 가만히 돌이켜 보자. 처음 태어났을 때 순진무구하던 어린아이의 마음이 공연한 집착과 번뇌로 얼마나 어두워지고 혼탁해졌는가. 가만히 마음을 돌이켜 비추어 보자. 다만 비추기만 하되, 공연히 마음에 일을 만들어내지만 않으면 그 자리가 불성이고 신성이다. 내 마음엔 얼마나 많은 일이 있는가. 마음에 일을 만들지 말자.

시험을 준비하는 이들에게

입시 철이 오면 전국의 산사가 기도객들로 분주하다. 입시 기도며 진급 기도 등으로 수많은 기도객이 정성스럽게 불전으로 나아가 향을 사르고 절을 한다. 어디 산사뿐이겠는가. 교회고 성당이고 마찬가지다. 매년 반복되는 이런 풍경을 바라보고 있노라면 과연 이 사람들의 마음속에 기도의 의미는 어떤 것일까 새삼 궁금해지지 않을 수 없다.

기도는 말 그대로 '비는 것'이다. 빈다는 것은 무엇인가. 이루기를 원한다는 것이고, 원하는 바가 크고 강할수록 우리의 기도는 더욱 간절하다. 그러나 다른 말로 기도가 간절하다는 것은 그만큼 강하게 바란다는 말이며, 그 이면에는 바라는 바가 이루어지지 않았을 때의 괴로움 또한 크게 준비하고 있다는 뜻이기도 하다.

그런데 기도란 무엇이 이루어지기를 바라는 데 있을까. 그렇지 않다. 수행자의 기도는 내가 바라는 결과를 얻고자 함이 아니고 어떤 결과가 오더라도 그 결과에 휘둘리지 않을 수 있는 여여한 마음으로 돌아가는 데 있다. 기도하면 마음이 비워지고 마음이 비워지면 결과에 대한 집착에서 벗어날 수 있게 되며 그랬을 때 결과로부터 자유로워질 수 있는 것, 그것이 기도의 참 의미가 아닐까.

'목표를 반드시 이루기를' 바라고 집착하는 마음으로 기도한다면 그건 벌써 어긋나기 시작한 것이다. 기도와 수행은 아무런 이유가 붙어서도 안 되고 그 어떤 조건이나 거래의 마음이 붙어서도 안 된다.

기도했더니 이렇게 된다거나 기도했는데 원하는 대로 되지 않는다거나 그런 분별이 붙는다면 그것은 부처님과 하느님과 거래하자는 것이지 참된 기도가 아니다.

만약 기도만 하면 무조건 다 이룰 수 있고 기도 안 하면 떨어뜨리는 그런 부처님이라면, 그런 하느님이라면, 기도는 안 했지만 열심히 공부했고 열심히 일한 수많은 사람은 어쩌란 말인가. 내가 며칠 동안 기도할 테니까 꼭 진급하게 해

주시고, 일 잘 풀리게 해주시고, 대학입시 합격하게 해주시고… 이렇게 부처님, 하느님과 거래하려는 마음을 갖다 붙인다면 거기에 무슨 공덕이 있을 것인가.

입시 기도든 진급 기도든 그 기도의 목적은 합격이나 진급에 있지 않다. 다만 입시와 진급이라는 그 결과 앞에서 휘둘리지 않을 수 있는 자유롭고 당당한 내 안의 중심을 잡는 데 기도의 목적이 있다. 참되게 기도하고 정진하는 수행자라면, 인과를 믿고 신의 섭리를 믿는 종교인이라면 스스로 공부한 만큼 노력한 만큼 온당한 결과를 받는 것이 당당한 노릇 아니겠나.

백일기도 끝에 진급 발표가 있고 난 뒤 내가 아는 신도님 중 몇 분이 진급에서 떨어졌다. 직장인들에게 진급의 문제는 가족 전체의 생계가 달린 중요한 문제일 수 있다. 특히 진급이 안 돼서 바로 퇴사해야 할 상황이라면 더욱 심각하다. 그런데도 그분들이 마음을 비우고 정리하는 데는 그리 긴 시간이 걸리지 않았다. 그 아픔에 오래 머물지 않고 훌훌 털어 버리며 현실을 받아들이는 의연한 모습을 보고 내 안에는 뜨거운 무언가가 솟아올랐다. 그것은 안타까움 때문이 아니라 삶을 겸허하게 받아들이는 자세에 대한 감동과 감사의 마음이었다. '저럴 수도 있구나.' 그간 이런 일이 있을 때마다 좋지 않은 결과를 놓고 수많은 불편한 반응을 봐왔던 터라 이분들의 의연한 반응은 많은 신도님께 수행자의 바른 모습은 무엇인가 하는 바른 본보기로 다가왔다.

평소 그분들의 모습과 기도 속에서 충분히 짐작은 하고 있었지만 이렇게 막상 현실에 와서 마음의 중심을 놓치지 않고 평상심을 잃지 않는 데 대해 깊은 감사의 마음이 들었다. 비우고 산다는 것은 이런 것이다. 이처럼 무언가 목적을 달성하기 위한 기도가 아니라 마음을 비우기 위한 기도, 그 기도는 결과와 상관없이 마음에 우뚝 선 중심과 평안을 가져다준다.

어떤 사람을 보면 정말이지 저 사람은 그 어떤 괴로운 일이 있어도 자기중심을 놓치지 않을 사람이다, 하는 믿음이 든다. 저 사람은 사업에 실패하든 진급에 실패하든 그 어떤 인생의 아픔 속에서도 잠시 주춤거릴지언정 금세 툭툭 털고 일어날 사람이라는 믿음, 그런 믿음을 주는 사람이 있다. 그 믿음, 그 힘의 원천은 바로 '비움'에 있다. 언제라도 비우고 받아들일 수 있는 지혜에 있다. '저 사람은 뭐든지 잘 해낼 거야'라는 믿음이 아니라 저 사람은 언제라도 그 길이 아니다 싶을 때 그 마음을 비우고 다른 길로 갈 수 있는 사람이라는 믿음, 결과가 좋지 않더라도 그 결과에 집착하지 않을 것이란 그 믿음에 있는 것이다. 그러나 아무리 잘나고 경제력도 있고 사회적 지위가 높다고 하더라도, 성공만을 바라며 목표지향적인 삶을 사는 사람에게는 그런 믿음을 쉽게 발견하기 어렵다.

누구든 비워야 할 날이 찾아온다. 높은 곳에 승승장구하며 오르기만 하던 사람도 언젠가는 떨어질 날이 있다. 세속적인 성공에서 좀처럼 실패하지 않는 사람이 있다고 하더라도 죽음에 이르러서는 그 모든 성공을 비워야 할 것이 아닌가. 그때 비울 준비가 되어 있는 사람과 아직 마음을 비울 준비가 되어 있지 않은 사람 사이에는 하늘과 땅처럼 큰 차이를 발견하게 될 것이다.

기도가 필요할 때는 마땅히 기도할 일이다. 다만 합격이나 진급 등 큰일을 앞에 두고 기도할 때 그 목적을 성취하기 위한 기도가 아니라 그 어떤 결과 앞에서라도 내 안의 중심을 잃지 않을 수 있도록, 당당할 수 있도록, 조급하지 않을 수 있도록, 마음을 맑게 비울 수 있도록 비움의 기도를 할 일이다.

시절인연에 맡기는 무위의 길

언젠가 함께 공부하고 있는 수행 모임에서 포교지를 하나 만들게 되었다. 그저 소박한 책자를 만들어 인연 닿는 이들이 함께 나눌 수 있고 작게나마 수행 인연을 심어주면 좋겠다는 생각에 몇몇 도반들과 함께 일을 시작했다.

한동안 편집을 하다 보니 욕심나는 것이 한둘이 아니었다. 될 수 있다면 글을 많이 실었으면 좋겠고, 책의 용지도 좀 더 두껍고 좋은 것으로 하면 좋겠고, 설법과 경전 내용도 더 보충되면 좋겠고, 그러다 보니 사진도 첫 장만이라도 흑백이 아닌 컬러로 넣으면 좋겠고, 인쇄도 마스터인쇄보다는 오프셋인쇄로 하면 좋겠고, 처음엔 5백 부를 생각했다가 편집 대행을 맡겨 1~2천 부 정도 해야겠다는 생각도 들고……. 처음 어느 정도까지는 그것도 좋겠다, 좋겠다고 했는데 어느 순간 계획했던 예산을 초과하자, '아차, 이건 욕심의 선을 넘어섰구나' 그런 생각이 들었다. 그러고는 그런 내 모습을 바라보며 혼자 멋쩍게 웃은 적이 있다.

보통 일에 욕심이 붙으면 '조금 더 조금 더' '더 좋게 더 좋게'를 생각하게 되고 그러다 보면 애초에 생각했던 일에 비해, 본인의 능력에 비해 일이 너무 커지는 경우가 종종 있다. 그럴 때라면 과감하게 일의 초심으로 돌아가 일에 대한 본질이 무엇이었는가를 생각해봐야 한다. 일을 벌일 때는 자연스럽게 진행되는 것이 중요하다. 자연스럽게 저절로 된다면 그 흐름을 따라 더 확장하고 벌일 수도 있겠지만 자연스러움을 벗어나고 걸리는 일이 많아진다면 혹시 이것이 집착이나 욕망이 아니었는지 돌아봐야 할 때다.

마음속에 어떤 것이 있어 일의 흐름이 이렇게 자연스럽지 못한가를 깨쳐볼 수 있어야 한다. 모름지기 일이란 강물이 흐르는 것처럼 인연 따라 저절로 되어야 한다. 자연스럽게 흐름을 탈 때는 신기하게 그 엄청난 일이 저절로 된다. 마치 온 세상이 이 일을 성취하라고 도와주기라도 하듯 주변의 상황과 흐름이 모두 그 일을 위해 합심해 준다. 시절인연이 무르익어 꽃필 때가 된 것이다.

그러나 시절인연이 아닐 때는 주변 상황이 저절로 막히고 흐름이 끊기며 뚝딱거리게 된다. 아무리 열심히 해도 안 될 때는 죽어도 안 된다. 인연의 때가 아닌 것이다.

모든 일은 인연 따라 자연스러운 흐름을 타고 이어지는 것이 중요하다. 이러한 시절인연의 법칙을 안다면, 무엇이든 '최선을 다하되 결과는 흐름에 내맡기는 지혜'가 삶을 이끌고 갈 것이다.

그렇다고 아무 노력도 하지 않는 것은 아니다. 언제 시절인연이 무르익어 꽃이 필지 알 수 없으니 평소에 늘 최선을 다해 준비하고 성실하게 살아간다. 씨앗을 심고 물을 주고 잡초를 뽑아내며 잘 돌보다 보면 그 모든 인연이 결실을 보게 될 때 저절로 자연스럽게 꽃은 필 것이다.

이것이야말로 가장 지혜로운 삶의 자세다. 언제나 매 순간 최선은 다하되 결과는 인연에 내맡기는 것이다. 이렇게 내맡기며 흐름을 타고 가는 것에는 과도한 애씀이 없다. 될 일은 저절로 되고 되지 않을 때는 준비하며 힘을 아낄 수 있다. 언젠가 꽃필 날을 위해 매 순간 최선을 다한다. 이렇게 내맡긴 채 살아가다 보면 저절로 시절인연이 조금씩 무르익어간다. 온 우주가 그렇게 묵묵히 노력한 것에 감응한다. 천지 신령까지 감동한다는 것이 이것이다. 이것이야말로 노자 무위자연無爲自然의 실천이고, 붓다의 무위행無爲行이다.

  무위라는 것은 '함이 없다'라는 것이다. 과도한 애씀이나, 억지스러운 노력이 없다는 것이다. 그러나 아무것도 안 하는 것은 아니다. 결과에 집착은 없지만, 언제나 최선으로 행한다. 이런 행에는 에너지 낭비가 없다. 함이 없이 하게 된다. 마음에 일이 없는 무사인無事人의 경지라고나 할까. 금강경에서 말하는 '응무소주應無所住 이생기심而生其心', 즉 집착하는 바 없이 마음을 내는 지혜의 길이다.

삶은 성취가 아니라, 지금 살아있음이다

　직장에서는 결과로 증명하라고 말한다. 확실하게 성과를 낼 수 있는 일이 중요하다. 끊임없는 일의 성취야말로 나를 세상에 드러내고 내세울 수 있다. 또한 그렇게 해야만 이 험난한 세상에서 살아남아 부자가 될 수 있다. 온 세상이 이토록 일과 성취를 종용하다 보니, 이런 세상에서는 일중독과 성취 지향적 사고방식이 기본으로 장착되어 있어야 한다.
　모두가 이렇듯 일의 소용돌이 속에서 살다 보니, 이제는 일하지 않고 쉬면 불안하기까지 하다. 미래에 대한 불안감이 더욱더 일중독으로 몰아간다. 남들의 달려가는 속도를 보다 보면 나는 뒤처지는 것 같고 잠시 쉬는 일에 죄의식까지 느껴진다. 전쟁 같은 삶의 속도전에 지쳐 쓰러지기 직전인 그로기groggy 상태, 그것이 이 시대의 현주소가 아닐까.

정말 이렇게까지 해야 하는 것일까? 미친 듯 달려가야만 살아남는 것일까? 온 세상이 전부 믿고 달려가는 이 속도전과 일중독에 무조건 편승해야만 하는 걸까? 어쩌면 《꽃들에게 희망을》이라는 책에 나온 호랑 애벌레 이야기처럼, 저 위에 무엇이 있는지도 모르고 서로 밟으면서 그저 오르기만 하는 질주 끝에는 아무것도 없을지도 모른다. 오히려 우리에게는 노랑나비를 따라 고치 속으로 들어간 뒤 나비가 되듯, 질주를 잠시 멈추고 삶을 바라볼 쉼의 시간이 필요할지도 모른다.

어느 날 호랑 애벌레는 생각한다. '그저 먹고 자라는 것만이 삶의 전부는 아닐 거야. 이런 삶과는 다른 무언가가 있을 게 분명해.'

일중독과 돈벌이에 사로잡혀 남들처럼 앞만 보고 서로 짓밟으며 먹고 살기 위해 달려가는 삶이 전부는 아닐지 모른다. 애벌레가 고치 속 시간을 통해 완전변태를 거쳐 아름다운 나비가 되어 자유롭게 훨훨 날아오르듯, 우리에게도 고치 속의 고요한 그런 시간이 필요한 것은 아닐까?

일하면서도 일의 굴레에서 벗어날 수 있어야 한다. 일하되 일에 사로잡히지 않는 것이다. 일의 늪에 빠져 일이 자기를 완전히 집어삼키는 일은 없어야 한다. 일에 너무 깊이 빠져 있다 보면 스스로 자신이 얼마만큼 가고 있는지 삶을 챙겨볼 수 있는 여유와 통찰력을 잃고 만다.

일을 잘하는 것도 중요하지만 여유를 가지고 소소한 행복을 누리는 것, 삶의 짠한 기쁨을 만끽하는 것 또한 소중하다. 행복한 삶을 살기 위해서 일을 시작하지만 어느 순간 돌아보면 거꾸로 일하기 위해 행복을 외면하는 경우가 많다.

일해서 성과를 인정받는 것은 성취감을 주고 도파민을 폭발시킨다. 그러나 아이와 축구하고, 아내와 집안일을 함께하고, 가족과 함께 캠핑가는 것 같은 진정한 행복은, 평범한 일상에서의 소소한 기쁨이어서 자칫 아무것도 아닌 것 같고 별 의미가 없는 것 같으며 시간 낭비처럼 느껴지기도 한다. 일에만 사로잡히다 보면 어느 순간 이렇듯 가치가 전도된 생각이 삶을 이끌고 간다.

처음 서울로 여행을 간 시골 청년이 있었다. 홀로 서울 곳곳을 누비며 한강 공원도 걷고 북한산에도 오르고 예쁜 카

페에서 책도 읽으며 호젓한 시간을 보내다가, 나도 서울 사람들처럼 저렇게 살고 싶다는 생각이 들었다. 가까스로 서울로 취직을 했지만, 회사 일이 너무 바쁜 나머지 다시는 그런 호젓한 시간을 보낼 수 없었다. 더욱이 작은 집이라도 얻으려고 밤낮없이 투잡, 쓰리잡을 뛰다 보니 지쳐 쓰러질 것만 같았다. 너무 성급히 달린 것이다. 문득 처음 서울로 가려던 기억을 떠올리며 조금 천천히 가기로 마음먹었다. 매 순간 누릴 수 있는 소소한 행복을 미래에 성공한 뒤로 미루지 않기로 했다. 조금 적게 벌고 조금 더 살아있는 기쁨을 누리기로.

상담했던 어떤 거사님은 회사에서 성공하고 진급하고 인정받아서 월급을 오랫동안 잘 받아오는 것이야말로 가족에게 할 수 있는 아빠의 가장 큰 역할이라 굳게 믿었다. 아빠가 회사 일을 잘해서 오래 살아남아야 가족과 아이들이 그 경제적 풍요 속에서 잘 자랄 것이라고 말이다. 당연히 틀린 말이 아니다. 그러나 너무 회사 일에만 치우치다 보면 가정에서의 진정한 행복을 놓치는 경우가 많다. 이분은 퇴직을 앞두고 삶을 돌아보니, 대학 졸업하자마자 취직해서 회사가 전부인 줄 알고 일만 하느라 가정에는 소홀했고, 퇴직을 앞둔 심정은 '정신 차리고 보니 퇴직'이고, '이젠 좀 가족과 행복해지려고 했더니 가족이 나를 필요로 하지 않더라'라고 했다. 일과 일상의 삶 사이에 조화로운 균형이 중요한 이유다.

미래에 있을 삶의 성공, 결실, 성과를 위해 지금 이 순간의 작고 소소한 행복을 누리는 감각을 잃고 있지는 않은가? 삶은 언제나 미래가 아닌 바로 지금 눈앞의 현재다. 현재는 언제나 자극적이지 않고 단순하다.

가족과 별일 없이 모여 주말 아침에 밥을 해 먹고 차를 마시는 것이야말로 가장 놀라운 행복이 아닐까? 이처럼 진짜로 소중한 것은 시시해 보인다. 그렇기에 쉽게 걷어차 버린다. 보다 자극적이고 성취 지향적이며 성과가 있는 무언가를 위해 내달리기에 바쁘다. 아이에게도 성적을 묻고 미래 어느 대학 갈 것인지를 조언하기에 바쁘다. 바로 지금 아이와 할 수 있는 따뜻한 눈 맞춤과 놀이와 소소한 일상의 이야기야말로 삶에서 가장 위대한 성취보다 소중하지 않을까?

우리 인생의 질감은 대단한 성취를 얼마나 많이 했느냐

가 아니라 매 순간의 현재를 얼마나 온전히 살았느냐에 달려 있다. 아내와 밥 한 끼를 온전히 해 먹고, 차 한 잔을 앞에 두고 그대의 눈을 마주치며 이야기를 온전히 들어주는 이런 일상에서 삶의 진한 깊이와 아름다움은 묻어나온다. 삶은 이처럼 눈앞의 현재에 살아있음이다.

TV 프로를 보다 보니 한 직장인이 바쁜 생활에서 벗어나 바닷가를 찾아 이런 말을 하더라. "아~ 이제 좀 살 것 같다. 이제 좀 숨을 쉬는 기분이야."

우리의 일상이 얼마나 숨조차 마음껏 쉬지 못하는 것인가? 우리가 살아야 할 삶은 단순하다. 숨을 쉬고 사는 것이다. 숨을 쉬고 살지만 마음 편히 숨을 쉬지 못한다.

당신은 지금 이 순간의 삶을 온전히 살고 있는가? 평안히 숨을 들이쉬고 내쉬는 것, 아침 햇살의 따스함을 충분히 느끼는 것, 뒷산으로 산책하러 가는 것, 고양이와 놀아주는 것, 지친 아내의 눈빛을 오롯이 마주하고 느끼는 것, 아이와 수다를 떠는 것, 날씨의 변화를 바라보고 감동하는 것, 투명한 하늘을 바라보며 감탄사를 쏟아내는 것, 퇴근길 저물녘의 한강 지하철 안에서 노을을 바라보는 것, 이런 일상의 순간을 온전히 경험하고 누리고 느껴보는 것이야말로 진정한 살아있음이다.

　삶이란 이처럼 충분히 살아있기 위해 있는 것이다. 미래에 잘 살기 위해 눈앞의 현재를 희생시키는 것은 삶을 죽이는 것이다. 불교의 자경문에는 "삼일수심천재보三日修心千載寶 백년탐물일조진 百年貪物一朝塵"이란 말이 있다. 삼 일 닦은 마음은 천 년의 보배가 되고, 백년 동안 탐내어 쌓은 물건은 하루아침에 티끌이 된다는 뜻이다. 백년 동안 욕심을 쌓고 성공하고 돈을 벌어 봐야 죽을 때 한 줌도 가져가지 못한다. 그러나 한순간 마음을 닦은 것은 천 년의 보배가 된다. 마음을 닦는다는 것의 진정한 의미는 바로 지금 이 텅 빈 마음으로 오롯이 깨어 있고, 살아있는 것을 의미한다.

　요즘 말로 하면 '행위'하는 것이 아니라 '존재'하는 것이다. 행위는 결과를 얻기 위한 것이지만 존재는 바로 지금 눈앞의 현재에 온전히 있는 것, 살아있는 것, 존재하고 있는 것이다. 이것이야말로 진정 삶과 마주함이다. 삶을 사는 것이야말로 삶의 목적이다. 미래를 향해 추구하는 것은 삶을 죽이는 것이다. 과거와 미래는 생각 속에서만 있는 환상이다. 오직 눈앞의 현재가 있을 뿐이다. 이 현재를 진하게 살아내는 것이야말로 삶이라는 진실과 마주하는 길이다. 당신은 삶을 얼마나 살아냈는가?

리더십, 다스림의 진리

예전이나 지금이나 사회에서 가장 많이 회자하는 말 중 하나가 '리더십'이다. 최근 한 거사님이 찾아와 물으셨다.

"직원들이 제 뜻을 잘 따르게 하려면, 어떤 부처님의 강력한 리더십이 발휘되어야 합니까?"

나는 잠시 웃으며 이렇게 답했다.

"오히려 내 뜻대로 잘 따르게 하려는 그 마음을 내려놓으세요. 다만 따뜻한 시선으로 믿고 지켜봐 주는 것, 그것이 부처님의 리더십에 더 가깝습니다."

곰곰이 생각해 보자. 내 뜻대로 움직이게 하는 기술을 리더십이라 부를 수 있을까? '내 뜻대로'라는 말에는 이미 나의 고집과 아집이 들어 있다. 그런 마음은 타인의 생각을 들을 준비조차 하지 못한다. 결국 리더십을 말하면서도 사실은 내 말을 잘 듣는 '똑똑한 기계'를 원하고 있는 셈이다. 그러나 기계는 창의와 헌신을 낳지 않는다.

누군가를 진정으로 이끌고자 한다면 그가 원하는 것을 마음껏 발휘할 수 있도록 놓아주어야 한다. 억지로 쥐고 흔들면 겉으로는 원하는 방향으로 가는 것처럼 보일지 몰라도 내면은 이미 반대 방향으로 달아나고 있다.

부모와 자식의 관계도 같다. 부모가 기대와 고집을 강하게 내세울수록 자식은 더 크게 반발한다. 그러나 오히려 스스로 하고 싶은 것을 창의적으로 할 수 있도록 격려할 때 아이는 자발적으로 책임을 배우며 성장한다.

물론 '놓아준다'가 방임이나 무관심을 뜻하지는 않는다. 중요한 것은 놓아버림과 알아차림이다. 불교 수행에서 강조하는 멈춤[止]과 비춤[觀]의 원리처럼, 내 고집과 욕심을 내려놓고 상대를 가만히 비추어 보는 것이다. 어떻게 해 보겠다는 통제의 마음이 아니라 따뜻한 눈길로 바라보는 태도 말이다. 무관심은 차갑고 과도한 통제는 숨 막히지만 지켜보며 신뢰하는 태도는 상대의 내면을 스스로 열리게 한다.

오늘날 조직에서도 이 원리는 통한다. 구글이나 넷플릭스

같은 글로벌 기업들이 강조하는 '자율성'은 단순한 유행이 아니다. 단순히 시키는 일을 반복하는 직원은 절대 주인의 식을 갖지 못한다. 그러나 교육과 지도가 끝난 뒤에는 권한과 책임을 부여해야 한다. 그래야만 상대는 '객'이 아니라 '주인'이 된다. 주인의 사고방식은 전혀 다르다. 누군가의 감시 속에서 시키는 일을 하는 것이 아니라 스스로 창의성과 독창성을 발휘하여 새로운 길을 열어간다. 그때 비로소 숨겨진 잠재력이 폭발하듯 드러난다.

모든 사람은 그 자체로 이미 부처이며 신의 성품을 닮았다. 각 개인의 내면에는 뜨거운 용광로가 끓고 있다. 리더의 역할은 억지로 끌고 가는 것이 아니라 그 용광로를 일깨워 주는 것이다. 사람은 누구나 무한한 잠재 능력을 품고 있다. 그 힘을 믿고 기다려주고 격려해 줄 때, 그는 자기 능력을 100% 발휘할 뿐 아니라 본래 감추어져 있던 힘까지 쏟아낸다.

진정한 리더십은 통제의 기술이 아니라 가능성을 열어주는 지혜다. 상대를 내 뜻대로 만들려는 집착을 내려놓고 각자 안에 이미 있는 위대한 불꽃을 일깨우는 것. 그럴 때 비로소 리더는 '지도자'라 불릴 자격을 갖는다. 누군가를 지배

하는 사람이 아니라 그 안의 잠재된 불성과 신성을 꺼내주는 사람. 그것이야말로 참된 리더십이다.

가난하게 산다는 것

요즘 들어 '가난하게 산다'라는 것이 무엇인지 자주 생각한다. 과연 나는 가난을 선택할 용기와 지혜가 있는가. 선택한 가난은 결핍이 아니라 지혜의 원천이며 영혼을 일깨우는 스승이다. 가난은 우리 안의 자주적이고 창조적인 능력을 드러내게 하지만 부유와 편리는 점차 그 힘을 빼앗아 간다. 돈이 많아질수록 손과 발이 할 일은 줄어들고 대신 머릿속은 더 많은 계산과 욕망으로 가득 차며 마음은 혼란해진다. 결국 편리와 풍요는 욕심을 키우고 괴로움의 씨앗이 된다.

가난했던 시절에는 스스로 땅을 갈고 씨를 뿌리고 손과 발로 삶을 꾸려야 했다. 그 속에서 자연과 가까워지고 몸은 강해지고 마음은 맑아졌다. 그러나 지금은 기계와 돈이 대신하다 보니 손발은 쓸모를 잃고 인간은 병약하고 불안한 존재가 되어 버렸다. 참된 행복은 편리함에서가 아니라 불편함 속에서 솟아나는 지혜와 평온함에 있다.

옛 성현들과 수행자들이 가난을 소중히 여긴 까닭도 여기에 있다. 그들의 가난은 어쩔 수 없는 현실이 아니라 지혜의 근원으로서의 선택이었다. 물질적 풍요 속에서는 내적인 지혜가 오히려 바닥을 드러내지만 가난한 삶은 청정과 맑음을 낳는다. 그러나 여기서 말하는 가난은 단순히 돈 없는 상태를 뜻하지 않는다. 많은 것을 소유하고도 소박하고 절제된 삶을 살아간다면 그는 가난한 사람이다. 반대로 물질적 결핍 속에서도 탐욕과 집착에 매여 있다면 그는 전혀 가난하지 않다.

얼마 전 도반 한 분이 큰 차가 필요했지만 불우한 이웃들을 떠올리며 새 차 대신 중고차를 샀다. 남은 돈은 나누기로 했다. 겉으로는 손해 같아 보였으나 사실은 더 큰 풍요였다. 이런 선택이야말로 가난의 미덕이다.

오늘의 세상은 물질적으로 풍요롭고 편리해졌지만 그만큼 사람들의 마음은 각박해지고 정신은 분열되었다. 배달앱, 자동화, 인공지능이 삶을 편리하게 만들수록 우리는 오히려 더 바쁘고 더 불안하다. 풍요는 만족을 채워주지 못하고 결핍만을 키운다. 이런 시대에 가난은 단순한 청빈을 넘어 욕망의 무게를 덜고 삶을 가볍게 만드는 지혜로운 선택이다.

참된 가난은 절제와 자족에서 시작된다. 최소한의 필요로 만족하고 그 외의 것은 아낌없이 나누는 마음이다. 많이 소유해도 소박할 수 있고 덜 소유해도 욕심이 많다면 전혀 가난하지 않다. 물질은 본래 내 것이 아니라 법계와 모두의 것이며 내가 누리는 풍요는 결국 나눔으로 완성된다.

가난을 선택한다는 건 결국 삶을 단순하게, 그리고 지혜롭게 만든다는 뜻이다. 덜 소유할수록 더 자유로워지고, 덜 편리할수록 더 건강해진다. 참된 가난은 삶의 본질을 마주하는 가장 직접적인 수행이며 욕망과 집착을 녹여내는 위대한 스승이다.

미래를 걱정하지 말라

얼마 전 신문에서 흥미로운 조사를 보았다. 현대인들이 생각하는 적정 노후 자금은 얼마일까를 묻자, 대답은 몇억에서 많게는 몇십억이었다. 그들이 말하는 노후는 아마도 "일하지 않아도 놀고먹고 원하는 만큼 소비할 수 있는 상태"일 것이다. 그러나 가만히 생각해 보라. 돈으로 걱정 없는 노후가 정말 행복일까? 지혜로운 이라면 오히려 그런 노후를 두려워할 것이다.

옛사람들의 노년은 달랐다. 땅을 일구고 계절을 따라 몸을 움직이며 살던 노인들은 죽는 날까지 또렷한 정신을 유지했다. 나이가 들수록 지혜가 깊어져서 공동체의 어른, 선지식으로 존경받았다. 그러나 오늘날은 더 이상 노인을 존경하지 않고, 심지어 생산적인 일 없이 소비만 하며 버티는 젊은 세대에 손해를 끼치는 취급을 당하기도 한다.

사람들은 미래의 불안을 핑계로 더 많은 축적에 몰두한다. "나이 들어 편히 살려면 지금 악착같이 벌어야 한다"라고 믿는다. 그러나 미래에 대한 지나친 걱정은 현재의 삶을 잠식한다. 노후를 준비한다는 명목으로 젊음을 다 바치고 나면 정작 '살아 있는 시간'은 사라져 버린다. 삶의 참된 지혜를 놓친 대가다.

부처님은 말씀하셨다. "재산을 모아두지 않고 검소하게 먹는 사람의 해탈 경지, 잡념을 모두 끊고 먹고 입는 것에 구애받지 않는 그런 사람의 해탈 경지는 텅 비어 아무 흔적도 없으므로 허공을 나는 새의 자취처럼 알아보기 어렵다. 마을이나 숲이나 골짜기나 평지나 깨달음을 얻은 이가 사는 곳은 어디라도 즐겁다. 사람들이 없는 숲속은 즐겁다. 집착을 버린 이들은 세상 사람들이 즐거워하지 않는 곳에서 즐거워한다. 그들은 감각적인 쾌락을 추구하지 않기 때문이다."

예수님도 말씀하셨다. "내가 너희에게 말한다. 너희 목숨을 위하여 무엇을 먹을까, 또는 무엇을 마실까 걱정하지 마라. 몸을 위하여 무엇을 입을까 걱정하지 마라. 하늘에 있는 새를 보라. 새는 심지도 않고 거두지도 않고 창고에 쌓아두지도 않는다. 그러나 하늘에 있는 너희 아버지께서 새들을 먹이신다. 너희는 새보다 훨씬 더 귀하지 않으냐." 또 이렇게도 말씀하셨다. "내일 일을 위하여 걱정하지 마라. 내일 일은 내일 걱정하라."

두 전통의 메시지는 같다. 먹고사는 문제에 과도하게 사로잡히는 순간 인간은 자유를 잃는다. 하늘에 있는 새는 그 누가 거두지도 키우지도 않지만 어머니 대지, 아버지 하느님의 이치에 순응하면서 저절로 큰다. 하늘의 새며 땅 위의 모든 나무며 식물들도 그 어떤 존재들도 모두가 있는 그대로 충만한 법계 속에서 온전하고 충만하게 살아간다. 그러나 유독 인간들만이 먹고사는 문제에 얽매여 온갖 욕심과 이기를 축적해 가고 있다. 무엇을 먹을까 마실까 입을까를 염려하지 말라. 그런 세속의 모든 염려와 잡념들을 놓아버릴 때 그때 정신적인 풍요로움이 깃든다.

청빈의 정신, 자족의 정신에 부응하며 살라. 미래를 위해 무언가를 과도하게 축적하지 말라. 노후 준비를 위해 내 젊은 인생을 전부 희생시키지 말라. 이 세상은 언제든 우리를 위해 음식이든, 의복이든, 집이든 필요한 만큼은 항상 준비해 두고 있다.

물론 우리는 인간이기에 미래를 염려한다. 그러나 지혜로운 사람이라면 오지도 않은 미래를 막연히 두려워하기만 할 것이 아니라, 지금 눈앞의 현실을 온전히 최선으로 살아내는 사람이 아닐까. 내일을 위해 오늘을 희생시키지 말라. 내일은 오늘의 연장일 뿐이다.

이 시대는 끊임없이 '더'를 부추긴다. 더 많이 벌고, 더 많이 축적하고, 더 많이 소비하라고. 그러나 법계의 이치는 다르다. 법계, 곧 자연과 우주는 언제나 필요한 만큼을 준비해 두었다. 그것을 가져다 쓰는 것은 축적이 아니라 마음의 그릇이다. 욕심으로 움켜쥐면 오히려 부족해지고, 비움과 나눔의 정신으로 살면 언제나 충만하다.

이제 질문해야 한다. 정말 수십억이 있어야 행복한 노후일까? 아니면 불필요한 것을 비우고 단순하게 살며 매일을 충만하게 누리는 것이 진정한 부유함일까? 지혜로운 삶은 과도한 축적에 있지 않다. 마음의 크기, 만족할 줄 아는 태도, 나누며 사는 기쁨 속에 있다.

삶의 마지막에 이르러 "내가 가진 것이 얼마였나"로 평가받는 인생은 허무하다. 진짜 묻는 것은 이것이다. 생각대로 살지 않고 단순하게 살았는가? 얼마나 깨어 있는 삶을 살았는가? 얼마나 나누며 살았는가?

바쁨과 혼란을 비우는 마음의 기술

요즘 들어 크고 작은 일들이 끊임없이 몰려온다. 일감이 늘어날수록 마음도 저절로 복잡해진다. 그럴 때일수록 오히려 바쁜 일상에서 '내 마음'을 잘 챙겨야겠다는 생각이 간절해진다. 일이 많아지면 마음조차 바빠져 늘 뭔가를 해야 한다는 압박에 평화가 쉽게 무너져 버린다.

하지만 잠시 멈춰 생각해 보자. 해야 할 일은 분명 많지만 그것이 과연 내 마음속의 분주한 만큼 많을까? 사실은 아니다. 아무리 일이 많아도 지금 이 순간에는 단 하나의 일만 할 수 있다. 그런데도 우리는 괜히 마음속에 온갖 일을 쌓아두고 실제 양보다 더 큰 짐을 만들어 자신을 힘들게 한다. 그러니 정신이 산만해지고 일 때문에 내 중심이 흔들리는 것이다. 사실은 일이 많은 것이 아니라 일에 대한 '생각'이 많은 것이다. 이것만큼 안타까운 일도 없다.

순간은 언제나 단순하다. 그저 찰나일 뿐이지, 결코 '바쁜 순간'이 될 수는 없다. 한순간에는 오직 한 가지 일만 가능하기 때문이다. 그래서 선禪에서는 '한 가지 일을 할 때 바로 그 하나만을 하라'고 가르친다. 스마트폰 알림이 쏟아지고 쇼츠 영상을 계속해서 밀어 올리고 SNS 피드가 끊임없이 갱신되는 시대에도 이 가르침은 여전히 유효하다. 오히려 지금 같은 시대일수록 더욱 절실하다.

사람들은 정보에 뒤처지지 않으려 애쓴다. 뉴스를 보고 책을 읽고 유튜브 영상을 보고 인터넷을 검색한다. 해야 할 일들이 마치 밀물처럼 몰려오는 것 같다. 그러나 결국 지금 내 앞에 주어진 순간에는 단 하나만 할 수 있다. 여러 가지를 동시에 붙잡으려 하면 능률은 떨어지고 마음은 분열된다. 반대로 다른 일들을 턱 내려놓고 눈앞의 일 하나에만 몰두할 때 집중력은 깊어진다. 그 순간 일이 수행이 되고 노동조차 명상이 된다.

오늘 하루를 모두 짊어지고 살 필요는 없다. 그 모든 일에 대한 상념의 무게에 짓눌릴 필요는 없다. 많은 이들이 하루

뿐 아니라, 한 달, 일 년, 몇십 년 뒤까지도 걱정하며 현재를 무겁게 만든다. 하지만 그 모든 것은 결국 진짜 있는 일이 아니라, 있을 수도 있을 일에 대한 망상 더미만 늘리는 것일 뿐이다. 미래의 일은 미래에 맡겨 두자. 지금은 오직 이 순간만 살아도 충분하다.

예를 들어 청소할 때도 마찬가지다. 방 안의 가득한 먼지를 보며 언제 다 치우나 걱정하면 마음이 무거워진다. 그러나 지금 이 순간에는 휴지를 줍고 비로 바닥을 쓸고 떨어진 책을 책장에 꽂을 뿐, 눈앞의 정리를 천천히 하다 보면 어느덧 청소는 끝나 있다. 사실은 너무 간단하지 않은가. 본래 가벼운 일을 가볍게 하면 된다. 온 방을 대청소한다는 무게감을 안고 '언제 다 하지' 하는 푸념에 짓눌리며 청소할 필요는 없다.

삶의 모든 일이 이와 같다. 오지도 않은 미래의 근심, 이미 지나간 과거의 짐까지 한꺼번에 지고 나아가려 할 것인가. 그러면 지금 할 일도 망치고 마음의 평화도 잃게 된다.

삶은 사실 그토록 무겁지 않다. 다가올 미래는 상상처럼 그리 두렵기만 한 곳이 아니다. 현실은 그렇게 잔인하지 않다. 혼란스럽지도 않다. 그 모든 두려움, 혼란, 괴로움, 버거움 등은 전부 자기 스스로 '생각'으로 만들어낸 헛된 망상일 뿐이다. 스스로 감옥을 만들고 스스로 그 감옥에 갇힌 채 자유를 스스로 잃는 것이다. 자승자박自繩自縛이고, 요즘 말로 지팔지꼰(지 팔자 지가 꼰다)이다.

바쁠수록 마음을 비우고 여유를 가지자. 한 가지를 할 때는 그 하나만. 그 단순한 태도 속에 삶을 가볍게 하고 일상을 수행으로 바꾸는 지혜가 숨어 있다.

삶을 내 편으로 만드는 법

 부처님 가르침의 핵심은 일체 모든 것은 끊임없이 변한다는 진리, 즉 무상無常의 진리다. 일체 모든 존재는 끊임없이 변한다. 잠시도 머물러 있지 않고 찰나마다 흐른다. 어느 한순간도 멈출 수 있는 것은 없다. 아니, 어떻게 멈출 수 있단 말인가. 아무리 노력하고 애써도 변한다는 진리를 멈출 수는 없다. 진리가 그렇듯 끊임없이 변하기 때문이다. 고정된 것은 하나도 없다. 모든 것이 끊임없이 변화할 뿐, 변한다는 그 사실만이 변치 않을 뿐이다.

 진리를 깨닫고자 하는가. 그렇다면 진리와 하나 되어 흐르라. 그러면 어떻게 진리와 하나 되어 흐를 수 있는가. 변한다는 진리, 무상이라는 진리와 하나 되어 흐르면 된다. 변화를 받아들이며 온몸으로 온 마음으로 변화의 흐름에 몸을 맡겨라. 변화를 두려워하지 말라. 그 흐름을 벗어나려 하지 말라. 변화는 진리이다. 그러니 변화를 붙잡으려 하지 말라.

우리의 모든 괴로움은 변화를 받아들이지 않는 데서 온다. 변화하는 것은 두렵다. 변하면 안 될 것 같다. 지금 이 모습이 그대로 지속되길 바란다. 이 몸이 지속되길 바라고 이 행복의 느낌이 지속되길 바라며 내 돈과 명예, 권력, 지위, 가족, 친구, 사랑, 이 모든 것들이 지속되길 바란다. 그것들이 변하는 것을 참을 수 없다.

그렇기에 사람들은 끊임없이 변화한다는 진리를 받아들이지 못하면서 지속과 안주를 바란다. 지속과 안주 속에 행복이 있을 것이라 착각한다. 그러나 이 세상 그 어디에도 언제까지고 지속되는 것은 없다. 이 세상 그 어디에도 영원히 안주할 수 있는 곳은 없다. 변화한다는 사실이야말로 온전한 진리다. 그러므로 변화를 두려워할 이유는 없다.

어디에도 머물러 있지 말라. 몸도 변하고, 마음도 변하며, 감정도 변하고, 사랑도 미움도 변한다. 사상이나 견해도 끊임없이 변하고, 욕구나 욕심도 변한다. 명예나 권력, 지위도 언젠가는 변한다. 변화는 자연스러운 것이다. 아름다운 법계의 본연의 모습이다. 바로 그것을 받아들여라.

함께 변화하라. 우리가 할 수 있는 수행이란 오직 이것밖에 없다. 모든 것은 변화하는데 나만 변하지 않으려고 하므로 괴로움이 생긴다. 모두가 변하는데 내 것은 영원하길 바라며 내 생명, 내 사랑, 내 소유, 내 생각은 영원하길 바란다. 모든 것을 변하는 대로 그대로 두라. 붙잡아 두려고 애쓰지 말라. 흐름에 들라. 변하지 않는 것은 어디에도 없는 이 세상에서 우리 삶의 목적이 '변치 않음'을 추구한다는 것은 얼마나 어리석은 일인가.

이 세상을 그냥 놓아두어라. 어떤 것도 붙잡지 말라. 집착하지 말라. 다만 흐르도록 놓아두어라. 이 세상은 스스로 알아서 흐른다. 그리고 그 흐름은 정확하다. 그래서 이 세상을 법계라고 하는 것이다. 명확한 진리, 법에 따라 움직이는 세계라는 뜻이다. 법계는 변화에 따라 온전하게 흐르고 있다. 내 뜻대로 변하지는 않겠지만, 변화는 진리의 뜻대로 변화할 것이다. 연기법칙에 따라 인연 따라 정확하게 변화해 갈 것이다. 이것이 바로 변화를 거부할 필요가 없는 이유다. 바로 그 변화가 진리이기 때문이다.

어떤 것이 변했다면 그렇게 변화했어야 할 인연이기 때문이다. 어떤 사람이 떠나갔다면 서글프고 힘들겠지만 그런데도 그는 떠나가야 할 인연이었다. 성공하는 것도 인연이고 실패하는 것도 인연이다. 도대체 왜 그렇게 변했느냐고 화를 낼 수도 있겠지만, 그것은 자기 뜻대로 변화되기를 바라는 욕망 때문이지 변화가 잘못된 것은 아니다. 이 세상의 연기법칙은 정확하게 필요한 일이 필요한 때에 일어난다. 그래서 진리의 세계, 즉 법계法戒라 부른다. 그것이 일어났다면 일어나야 했기 때문이다.

내 뜻대로 돼야 하는 게 아니다. 진리의 뜻대로 되어야 한다. '내 뜻'에 대한 집착 그 자리에 '진리'를 놓아두라. 세상 모든 것은 진리대로 잘 되고 있다. 날마다 좋은 날이다. 잘못되는 일은 없다. 잘못되는 것처럼 보이는 일이 있을지라도. 괴로운 일은 없다. 괴롭다는 해석이 있을 뿐.

그러니 변화하는 삶을 있는 그대로 받아들여라. 세상이 변화하는 방식에 토를 달지 말라. 왜 그렇게 변화했느냐고 따지며 내 생각을 고집할 것도 없고 세상과 싸울 것도 없다. 변화의 흐름을 거부하지 말라. 오히려 변화의 도도한 흐름

위에 나를 얹어 두라. 그 흐름 타고 흘러가라. 그러면 진리의 힘이 그대를 진리로 이끌 것이다. 그 자연스러운 흐름을 타면 전혀 힘들지 않고 생의 강을 건널 수 있다. 흐름과 싸우려 들면 삶은 그때부터 힘들 것이다. 아무리 애써도 진리를 이길 수는 없다.

그런 줄 안다면 무엇 하러 진리와 싸우려 드는가? 진리를 내 편으로 만드는 편이 낫다. 어떻게? 그 변화를 있는 그대로 받아들이고 함께 따라 흐름으로서 가능하다. 사실 너무 단순하지 않은가? 전혀 힘든 것이 없다. 진리는 이토록 단순하고, 삶은 이토록 쉽다.

부처님의 말씀은 오직 이것이다. 제행무상諸行無常! 이렇게 단순한 것이 불법이다. 단순한 진리를 공연히 어렵게 만들지 말라. 그저 푹 쉬기만 하라. 푹 쉬면서 변화의 흐름에 몸을 맡겨라. 그리고 함께 따라 흐르라.

삶이라는 진실을 받아들이라

 어떤 존재도, 어떤 사건도 따로 떨어져 홀로 일어나지 않는다. 그 모든 존재며 사건도 서로 깊은 연관을 두고 일어난다. 모두가 그럴 만한 인연 따라 정확한 필요로 일어난다. 모든 존재는 저마다의 인연에 의해 그 자리에 그렇게 진리로서 여여하게 있는 것이다. 풀 한 포기, 나무 한 그루도 법계의 진리를 따라 그 자리에 진여眞如로서 있는 것이다.
 산하대지현진광山河大地現眞光이란 말처럼 산하대지 모든 것이 참 진리 빛의 나툼이요, '길가에 구르는 돌멩이도 쓰일 곳이 있다'라는 성경의 말씀처럼 모든 존재는 분명한 이유와 목적을 가지고 법계 진리의 사명을 띠고 그 자리에 존재한다.
 모든 일, 모든 사건도 마찬가지다. 우리 삶의 그 어떤 일이

나 사건도 분명한 이유를 가지고 일어난다. 따로 떨어져 아무런 연관 관계없이, 아무런 인과 관계없이 일어나는 일은 없다. 모두가 전체성 일부다. 모든 것이 전체와의 조화 속에서 이루어진다. 아니, 하나가 곧 전체이고 전체가 곧 하나다. 일즉일체다즉일一卽一切多卽一!

우리를 괴롭히는 일, 아프고 슬픈 일들까지도, 심지어 아무 상관 없는 것처럼 일어나는 우연 같은 것들조차 정확한 우주 법계의 진리를 타고 분명하게 흐른다. 우리가 그 이유를 알지 못할 뿐이지, 그것은 저마다의 연기적 사명을 띠고 나타난다. 그리고 그것은 전혀 우리를 헤칠 이유로 오지 않는다. 괴롭히려고 온 것은 없다. 돕고자 온 것이다.

존재 자체가 동체대비同體大悲라는 무한한 자비심의 드러남이다. 내 앞에 나타난 것은, 진실은, 그것이 곧 나 자신이고 내 일부가 바로 그것으로 드러난 것이다. 온 우주는 둘이 아닌 한 생명의 발현이다. 이런 점에서 이 세상에는 둘이 없다. 모든 것이 나의 현현顯現이다. 나 하나뿐인 세상, 그것이 불국토이고 하느님의 세상이다.

진급에서 떨어졌다고? 다리가 부러졌다고? 원하던 대학에 떨어졌다고? 사고를 당해 장애인이 되었다고? 사랑하는 사람과 헤어졌다고? 결혼을 잘못했다고? 그 모든 것이 우연히 일어난 일이라고? 그렇지 않다. 우연히 일어나는 일은 없다. 그것은 분명한 연기적 이유가 있다. 분명하게 짜인 인과의 연극, 법계의 연극 각본에 따라 꼭 그때 그 장소에 그 일이 일어나게 되어 있다.

물론 그 일이 등장한 정확한 이유를 우리는 결코 알 수 없다. 알 수 있다고 생각할 수 있을지언정 알 수는 없다. 알 수 없음을 바르게 깨닫는 것이 바로 무분별지無分別智라는 지혜다. 참된 지혜는 아는 것이 아니라 모르는 줄 아는 것이다.

모르니 알려고 애쓸 것도 없고 공연히 아는 척할 것도 없다. 그저 겸손하게 겸허하게 나를 낮추고 내 생각을 내려놓고 삶이라는 진리를 있는 그대로 받아들일 뿐이다. 이런 정신이 바로 예배, 찬탄, 찬양, 공경, 귀의, 헌신이다. 삶이 바로 진리의 현현이며 신의 나툼이고 우리가 사는 이 땅이 바로 불국토요, 하느님의 나라임을 감사하며 예배하고 찬탄하고 공경하며 헌신할 수 있을 뿐이다.

이러한 모름의 진리, 무분별심無分別心이 바로 나의 본래면목이다. 즉, 그러한 진리가 바로 나 자신이다. 내가 나에게 예배하는 것이고, 공경, 공양, 찬탄, 헌신하는 것이다. 이것이 바로 진정한 종교의 참뜻이다.

예를 들어 어느 날 갑자기 몸에 큰 병이 났다고 생각해 보자. 그것은 그냥 어쩌다 보니 병이 온 것이 아니다. 그것은 온 우주 법계 전체와 나와의 관계 속에서 병이 난 것이다. 온 우주의 허락 없이 몸에 병이 오는 일은 없다. 어머니 대지의 허락 없이, 아버지 하느님의 허락 없이, 법신 부처님의, 진리의 허락 없이 병이 내게 온 것이 아니다. 그럴 수가 없다.

길을 지나가다가 우연히 2층에서 떨어뜨린 화분에 맞았다고 치자. 그 또한 결코 우연이 아니다. 왜 하필이면 그 사람이 맞았으며 하필이면 그 시간에 그 공간에 정확히 그 화분을 떨어뜨릴 수 있었겠는가. 그것은 화분을 떨어뜨린 사람과 화분에 맞은 두 사람만의 문제에서 멈추지 않는다. 거기에는 조금 더 정교하고 우주적이고 전체적인 인과의 비밀이 숨겨져 있다. 그것은 온 우주 법계에서 내린 다르마[法]의 명령이다.

왜 어떤 사람은 총알이 빗발치는 전쟁터에서 살아 돌아오고, 또 어떤 사람은 평화로운 출근길에 다리가 끊어져 죽으며, 왜 어떤 사람은 총알이 마침 그 작은 목걸이에 맞아 죽지 않고, 또 어떤 사람은 평화로운 오후 지하철 안에서 죽어야 하는가. 크고 작은 모든 사건에도 불구하고 우주의 전체성 속에서 전체적인 인과 속에서 수많은 것들이 서로 연관되어 일어난다. 모든 일은 외따로 떨어져 홀로 일어나는 것이 아니다.

우연은 없다. 어쩌다 보니 그렇게 될 수는 없다. 내가 탄 차가 산길에서 미끄러져 낭떠러지로 떨어졌는데 마침 낭떠러지 중턱에 있던 나무 한 그루에 걸려 목숨을 구했다면 그것은 우연의 일치일까. 그렇지 않다. 그것은 우연이 아니다. 그 나무는 아주 오랜 시간 동안 그 일을 돕기 위해 그 자리에 있었다.

길을 가다가 우연히 하수구에 빠져 다리가 부러졌다고 재수 없게 빠진 것이 아니다. 여전히 하수구에 빠지는 순간에도 우리 두 눈은 멀쩡했으며 다른 때처럼 그것을 보고 돌아갈 수도 있었을 것이다. 다른 사람은 다 돌아갔는데 왜 나만 그곳에 빠졌는가. 물론 잠깐 한눈을 팔았거나 잠시 딴생각을 했었을 수도 있다. 그런데 왜 하필 그때, 뚜껑 열린 하수구 앞을 지날 때 한눈을 팔았으며, 다른 생각이 떠올랐느냐는 말이다. 바로 그 순간 내 눈을 멀게 한 우주의 이유가 있었다.

그렇다면 왜 그런 일들이 우리에게 일어나는가. 왜 그러한 일들이 우리를 괴롭히는가. 그것은 괴롭히는 것이 아니다. 더 큰 관점, 전체적인 진리의 관점에서 본다면 그것은 우리를 괴롭히기 위한 것이 아니다. 모든 사건은 그것이 너무 아프고 괴로운 일일지라도 그것이 그 순간의 최선이기 때문에 일어난다. 그것이 괴로운 일일지라도 우리를 돕기 위한 우주 법계의 배려다. 즉 지금 그 일이 일어나지 않았다면 다음에 더 큰 일로 우리를 괴롭혔을 수도 있다는 말이다. 그렇기에 그 모든 것은 진리의 일이라고 하는 것이다.

우주 법계는 결코 우리를 해치는 일을 하지 않는다. 우주는 늘 어머니의 품처럼 한없는 사랑과 자비로 우리를 돕고 있다. 다만 나쁜 일, 괴로운 일, 아픈 일들이 일어나는 것은 우리 스스로 만들 뿐이다. 사실 어떤 괴로운 일이 일어났다고 하더라도 그건 '괴로운 일'이 아니라 다만 그냥 '한 사건'일 뿐이다. 우주의 필요에 의한 진리의 사건일 뿐이다. 그건 좋고 싫은 어떤 사건이라거나 괴롭거나 즐거운 어떤 사건이 아니라 다만 한 사건일 뿐이다. 그 '한 사건'에 대해 좋다 나쁘다를 분별할 필요는 없다.

그런데도 사람들은 그 사건에 대해 온갖 생각과 분별하고 판단을 가해 그 사건을 좋은 혹은 나쁜 사건으로 나누고 스스로 괴로워한다. 문제는 '사건'이 아니라 '생각'이다. 내 생각과 판단이 괴로움을 만드는 것이지, 그 사건 자체에 어떤 '괴로운 성품'이 있는 것은 아니다.

백만 원을 도둑맞았다면 그게 어쨌단 말인가, 그것은 그냥 하나의 사건일 뿐이다. 그것은 좋은 것도 아니고 나쁜 것도 아니다. 어쩌면 내가 전생에 그에게 백만 원을 빚졌을지도 모르지 않는가? 만약 그렇다면 업장이 소멸한 것이고 업의 균형이 맞춰진 진리의 사건이다. 이처럼 인과응보와 연기법의 세계는 우리 눈으로 다 알거나 볼 수도 없고 그 이유를 머리로 계산해 낼 수도 없다. 그저 모를 뿐임을 깨닫고 수

용할 뿐이다.

  그러니 이 세상 모든 일이 괴롭다거나 즐겁다는 것은 내 판단이고 생각일 뿐이다. 이 세상 그 어떤 일도 좋거나 나쁜 것은 아니다. 내 분별 의식으로는 알 수 없는 일이고 그저 연기법인 진리가 진리의 이유로 펼쳐낸 것일 뿐이다.

  심지어 내 곁의 누군가가 목숨을 잃었다고 하더라도 고통스러워하거나 괴로움에 빠져 허우적거릴 이유가 없다. 태어남의 반대가 죽음이지 삶의 반대는 죽음이 아니다. 삶은 영원하다. 육신이 사라졌다고 그것이 영원한 소멸은 아니며 육신이 살아났다고 그것이 영원한 탄생도 아니다. 나고 죽는 것은 아주 자연스러운 하나의 현상일 뿐이다. 마치 빈 가지에 봄이 되면 잎이 피고 여름이면 녹음이 우거졌다가, 가을이 되면 단풍이 물들었다가 겨우내 떨어져 흙으로 돌아간다면 그것이 왜 괴로움이거나 즐거움이어야 하는가. 그것이 왜 비극적인 죽음이고 신비로운 태어남이어야 하는가. 그것은 아주 자연스러운 법계의 모습일 뿐이다. 거기에 좋고 나쁘다거나 괴롭고 행복하다는 분별을 붙일 아무 이유가 없는 것이다.

사실 이 몸과 마음을 '나'라고 여길 때만 죽음이 괴롭다. 진실은 이 몸과 마음은 그저 인연 따라 생겨나고 사라지는 것일 뿐, 나의 실체가 아니라는 사실이다. 진정한 나의 본래면목은 몸과 마음이 아니다. 나의 본성은 불생불멸不生不滅이다.

이러한 사실을 안다면 우리의 삶은 완전한 전환을 이룰 수 있을 것이며 완전한 평화를 경험할 수 있을 것이다. 세상 모든 일이 아주 자연스러우며 꼭 필요한 법계의 일이고 따로 떨어져 일어나는 일이 아니라 전체성의 틀 속에서, 진리의 틀 속에서 일어난다는 것을 안다면 우리는 삶 속에서 일어나는 그 어떤 일들도 다 받아들일 수 있는 대궁정, 대수용의 마음이 생겨날 것이다. 좋고 나쁘고를 나누지 않는 무분별의 열린 가슴이 생겨날 것이다.

내가 삶 속에서 만나는 그 모든 사람은 분명히 그때 나와 꼭 만나야 하는 사람들이다. 그 어떤 사건들도 분명히 내게 일어나야 하는 사건이다. 분명한 이유를 가지고 그것도 나를 돕기 위한 대자비의 마음을 가지고 내 앞에 그런 모습으로 나타난 것이다. 다시 말하면 그 사람도 그 사건도 모두가 법계의 진리를 품고 있는 내 안에서 스스로 선택한 일이다. '나'라는 진리성, '나'라는 전체성의 법신이 그 존재를 만나게 했으며 그 사건을 만나게 했다. 즉 스스로 선택한 것이지 남이 대신해서 선택해 준 것이 아니다. 부처님이 혹은 하느님이 무작위로, 혹은 아무런 기준도 없이, 내 안 진리의 허락도 없이 그런 선택을 대신한 것이 아니다. 사실은 부처님, 하느님, 진리, 불성, 신성, 해탈, 열반, 그것은 '진정한 나'의 또 다른 이름일 뿐이다.

결국 그 모든 일은 다 내 깊은 영혼의 선택이다. 어젯밤 꿈속의 모든 일이 꿈꾸는 동안에는 실체처럼 느껴졌지만, 꿈을 깸과 동시에 그 꿈속 세상 전체가 내 마음이 펼쳐낸 것이듯 현실도 마찬가지다. 이 현실은 사실 내 근원의 마음이 펼쳐낸 세상이다. 《화엄경》의 일체유심조一切唯心造가 그것을 말하고 있다. 현실은 '진정한 나', 다시 말해 '한마음'이라는 불성이 펼쳐낸 이미지 혹은 영화일 뿐이다.

그 어떤 사람을 만나든지, 그 어떤 존재를 만나든지, 그 어떤 사건을 접하든지, 그 어떤 일을 만나든지 그 모든 것은 내 깊은 마음이 드러난 것일 뿐이다. 바다 위에 인연 따라 온갖 파도가 치지만 파도의 본성은 하나의 바다이듯, 현실이라는 온갖 사건과 존재는 전부 파도와 같아서 삼라만상 전체가 한마음이라는 바다 위에 피어난 파도일 뿐이다. 그러니 어떤 일이 일어나도 다른 일이 아니다. 전부 한마음 속의 일이다. 전부 진리의 일이다. 부처님 손바닥이다. 하느님의 나라에서 펼쳐지는 것일 뿐이다.

그러니 어떤 삶도 다 똑같다. 좋고 나쁜 것은 없다. 사람들의 생각 속에서 '나'라는 망상으로 자기에게 좋고 나쁜 분별을 만들었을 뿐 그 분별심의 근원인 '나'만 사라진다면無我 세상은 언제나 아무 일이 없다. 삶은 언제나 완전하다. 분별 없이 보면 삶은 언제나 진리의 현현이다.

불교의 중도中道 수행을 다르게 지관止觀이라고 부른다. 분별을 멈추면[止] 있는 그대로를 있는 그대로 보는[觀] 이 공적영지空寂靈知한 보는 마음이 있다. 이 공적하여 텅 비어 있지만 소소영령하게 깨어서 아는 마음, 그것이 바로 우리 모두의 본래면목, 불성, 신성이다.

분별만 멈추면 언제나 늘 있던 이 본래 마음은 늘 드러나 있다. 항상 분별 망상만 일으키며 현실을 자기식대로 분별 판단하여 보기만 하다가, 문득 한 번 분별을 여의고 언제나 늘 활발하게 작용하고 있던 불성을 문득 한 번 보는 것을 깨달음이라고 한다.

진정한 자기의 본래면목, 참마음을 한 번 문득 깨닫고자 한다면, 생각, 분별, 망상을 따라가며 눈앞의 현실을 자기식대로 해석하던 습관을 내려놓아야 한다. 또한 그렇게 하려면 먼저 삶을 내 식대로 분별하던 습관을 내려놓고 삶을 있는 그대로 바라보아야 한다. 삶을 있는 그대로 허용하고 완전히 통으로 받아들여야 한다.

이것은 전혀 어렵지 않다. 하던 것을 그저 하지만 않으면 될 뿐, 새롭게 무언가를 해야 하는 것은 아니기 때문이다. 무엇을 하지 않는 것일까? 분별하지 않는 것이다. 그것은 도대체 어떻게 해야 할까? 해야 할 것은 없고, 그저 아무 할 일 없이 분별없이 그냥 있으면 된다. 분별없이 그냥 있으면 저절로 알아차리는 텅 빈 앎의 본성이 드러난다.

좀 더 쉬운 팁을 준다면 삶을 온전히 받아들이는 것이다. 내 삶 속에서 만나는 모든 사람을, 모든 사건을, 모든 일을, 모든 아픔을 있는 그대로 받아들여라. 완전히 수용하라. 대긍정, 무한 긍정의 관점에서 일체가 진리임을 순수하게 받아들여라.

분별하지 않고 힘을 빼고 있는 그대로 받아들이는 순간 삶에는 기적과도 같은 변화가 일어난다. 아니, 본래 있던 진리가 드러난다. 육조 혜능 스님의 찬탄이 저절로 나온다.

'자성自性이 이토록 본래 청정했다니! 이토록 모자람 없이 완전했다니! 이토록 본래 흔들림이 없었다니! 이토록 온 세상을 만들어냈다니! 이토록 본래 생겨난 적도 사라진 적도 없었다니!'

2장

이 순간을 즐기는 부자

지금 이 순간이 내 생의 전부

아침저녁 공기는 한결 부드러워졌고 들녘에는 벌써 봄의 기운이 완연하다. 꽃들이 피어나고 봄나물이 돋아나는 모습은 계절의 빠른 흐름을 그대로 보여준다. 그러나 자연이 그렇게 쉼 없이 순환하는 동안 내 마음의 뜰은 얼마나 단단히 가꾸어져 왔는가. 하루 이틀, 한 달 두 달, 그렇게 시간이 쏜살같이 흘러가는데 나는 그 흐름 속에서 얼마나 '지금 여기'를 살고 있는가. 돌아보면 단순한 아쉬움이 아니라 가슴 깊숙이 뻐근한 후회로 다가오곤 한다.

사람들은 늘 다음 순간을 더 귀하게 여긴다. 내일이 더 나을 것이라는 기대, 다음 기회가 더 소중할 것이라는 희망. 하지만 실상은 그렇지 않다. 이 순간을 놓친다면 그다음 순간 또한 그리 값지지 못하다. 바로 지금, 눈앞의 이 순간이야말로 내 생애 가장 중요한 시간이다. 전생을 묻고 내생을 논할 필요도 없다. 지금이 곧 내가 찾아 헤매던 순간이다.

우리는 끊임없이 바란다. 돈을 벌고 싶고 지위가 오르길 바라며 성공을 갈망한다. 그러나 바라는 순간 그 마음은 '지금 여기'에 없다. 미래를 준비하기 위한 최고의 방법은 지금 이 순간에 온전히 깨어서 살아가는 것이다. 사실 미래는 없다. 오직 생각 속에서만 꿈꾸어지는 허상일 뿐이다. 진실은 지금 여기라는 현재를 어떻게 사느냐에 따라 지금과 같은 미래가 펼쳐질 것이란 사실이다. 지금이 귀하면 미래도 귀하지만 미래를 위해 지금을 희생시킨다면 희생된 미래가 펼쳐질 것이다. 자꾸만 미래로 가려고 하지 말고 언제나 매 순간 도착한 때임을 잊어서는 안 된다. 모든 것은 바로 지금 펼쳐져 있지, 미래나 과거에는 없다. 지금만이 진리의 때다.

작은 일상조차 그러하다. 밥을 먹는 순간, 걷는 순간, 대화하는 순간에도 우리는 온전히 현재에 있지 못한다. 밥상 앞에 앉아 있으면서도 눈동자는 스마트폰에 박힌 채 혼란스러운 정보로 가득하고, 머릿속은 과거와 미래를 쏘다니며 후회와 두려움을 양산해 낸다.

밥을 먹는 순간, 일하는 순간, 운전하는 순간, 걷는 순간, 대화하는 순간 그 어떤 사소한 일상일지라도 매 순간 몸과 마음은 온전히 거기에 있어야 한다. 어느 다른 목적지를 향해 달려갈 필요는 없다. 우린 이미 도착해 있기 때문이다. 꿈에 그리던 삶의 도착지는 바로 지금 여기 눈앞뿐이다. 언제나 도착해 있으면서 왜 그토록 마음은 도착을 못 하고 허덕이며 찾기만 하는가.

운전은 특히 그렇다. 성격이 가장 솔직하게 드러나는 시간이 운전대 앞이라는 말이 있다. 평소 차분한 사람도 운전대만 잡으면 조급해진다. 목적지에만 마음이 달려 있으면 도로 위는 끊임없는 긴장과 경쟁의 장이 된다. 그러나 운전 자체를 목적으로 여긴다면 어떨까. 매 순간 핸들을 잡고 도로 위를 달리는 그 자체가 목적이 된다면 운전은 수행이 되고 마음은 평화로워진다. 걷는 일 또한 다르지 않다. 일찍 도착하려는 마음을 버리고 걸음 하나하나에 몰입할 때, 길은 더 이상 지루하지 않다. 오히려 길 위의 풍경과 호흡이 충만하게 다가온다.

'지금 여기'라는 목적지에 도착해 있으라. 우리는 언제나 어딘가에 도착해 있지 않은가? 그런데 왜 그토록 어딘가를 향해 달려가기만 하는가? 지금 이 순간을 놓치면 삶 전체를 놓치는 것이다. 삶은 곧 지금이기 때문이다. 가야산 해인사 장경각 주련에는 이런 글이 있다. "원각도량하처圓覺道場何處 현금생사즉시現今生死卽是." 깨달음의 도량은 어디인가? 일체가 생겨나고 사라지는 바로 지금 여기이다. 지금 여기가 바로 깨달음의 도량이며 불국토이고 하느님의 나라다. 다른 곳, 다른 때가 따로 있는 것이 아니다.

  현대 사회는 속도를 신앙처럼 여긴다. 기차와 비행기, 초고속 인터넷, 인공지능까지. 그러나 빠른 속도가 우리에게 더 많은 여유를 준 적은 거의 없다. OECD 조사에 따르면 한국 청소년의 평균 수면 시간은 OECD 국가 중 최하위라고 한다. 삶의 속도는 높아졌지만 삶의 질은 낮아지고 있다. 우리는 '더 빨리' 도착하기 위해 달려가지만 정작 남는 것은 공허와 피로뿐이다. 그런데도 잠도 제대로 못 잔다. 그런 삶의 끝에는 결국 죽음이라는 마지막 목적지가 있을 뿐이다.
  수행과 명상, 기도도 결국은 '지금 여기'에서 깨어 있도록 돕는 방편이다. 참선도, 염불도, 독경도 미래의 깨달음을 얻기 위한 과정이 아니다. 앉아 숨을 들이마시는 그 순간이 이미 깨달음의 순간이다. 절에 가는 길의 발걸음 하나, 경전을 펼치는 작은 손짓 하나가 수행이다. 과정과 목적이 따로 있지 않다. 청년들 사이에서 유행하는 '챌린지 문화'나 '미라클 모닝'도 결국 같은 맥락 아닐까? 거창한 목표를 세우기보다 아침 10분 동안 스마트폰을 내려놓고 명상을 하거나 법문을 듣는 것만으로도 수행은 시작된다.

《화엄경》에서는 "마음과 부처와 중생, 이 세 가지는 아무런 차별이 없다"라고 했다. 오직 지금 이 순간이 그대로 깨달음의 순간이며 중생이 그대로 부처다. 그랬을 때 우리 삶의 그 어떤 순간도 우리를 괴롭게 만들지 못한다. 모든 순간이 다 온전한 순간이고 우리가 그렇게 바라던 깨달음의 순간이라면 온전한 만족만이 있을 뿐이다.

지난 내 삶을 돌이켜 보라. 내 삶의 속도를 느껴 보라. 시간이란 것은 다 우리가 만들어낸 조잡한 관념에 불과하지만, 너무나도 빨리 스쳐 지나가는 이 시간 속에 내가 온전히 사는 순간은 얼마가 되는가. 우리는 끊임없이 묻고 또 물어야 할 것이다.

  순간을 살면 시간은 없다. 과거가 없고 미래가 없는데 시간이 어디에 붙을 수 있겠는가. '지금 이 순간'을 살 때 매 순간 도착해 있으며 매 순간 현존에 깨어 있음이 빛을 밝힐 것이다. '지금 이 순간'을 잡는 것은 '그 순간'만을 잡는 게 아니라 '삶 전체'를 잡는 것이다. 이 새로운 순간, 이 소중한 시간 시간을 결코 소홀히 흘려보내지 말라.

진정으로 홀로 있는 법

 가끔은 모든 걸 멈추고 아무것도 하지 않으며 그냥 단순히 있고 싶다. 일의 무게도, 관계의 소음도, 억지로 채워 넣은 시간도 다 내려놓고, 최선을 다해 아무것도 하지 않고 싶을 때가 있다. 그럴 때 나는 홀로 있고 싶다는 내면의 소리를 듣는다.
 오래전, 그림자만 동행하던 바닷가의 황량한 포구가 때때로 그립다. 언젠가 강원도 백두대간을 넘으며 우뚝 솟아 바람을 맞으며 바다를 향해 고집스럽게 서 있던 소나무 한 그루가 떠오르기도 한다. 이런 문득의 그리움은 늘 홀로 있는 자리에서 피어난다. 그래서 나는 하루 이틀, 아니 며칠이라도 사람과의 만남을 줄이고 전화벨 소리조차 잠시 꺼두곤 한다. 군더더기 없는 밥상, 군소리 없는 하루, 그렇게 최소한의 삶으로 돌아가 본다.

이른 새벽, 뒷산의 산길을 혼자 걸으면 안다. 외로움은 서글픔도 두려움이 아닌 오히려 청정한 기운에 가깝다. 그것은 삶의 무게를 가볍게 만드는 묘한 힘이 있다. 예전 같았으면 이런 순간을 무기력이라 오해했겠지만, 지금은 안다. 고요는 나를 단단하게 키우는 시간이고 외로움은 삶을 깊게 파고드는 뿌리라는 것을.

사람들은 말한다. 홀로 있으면 외롭다고. 그래서 더 많은 관계를 찾아 헤맨다. 그러나 아이러니하게도 가족과 함께 있어도, 친구와 함께 있어도, 군중 속에 있어도 우리는 여전히 외롭다. 함께 있음은 외로움을 지우는 게 아니라 잠시 덮어두는 것일 뿐이다.

결국 피하지 않고 마주할 때만 외로움은 사라진다. 아니, 정확히 말하면 외로움은 사라지는 게 아니라 충만으로 바뀐다. 이렇게도 말할 수 있겠다. 외로움 속으로 뛰어들어 외로움과 하나가 되면 그때 외로움은 외로움을 모른다. 눈이 눈을 볼 수 없듯 하나는 하나를 모른다. 이 모르는 순간, 우리는 외로움에서 해탈한다. 너무 외로워서 도리어 외롭지 않은 순간, 그때 비로소 우리는 우리 자신과 친구가 된다. 이런 점에서 외로움, 홀로 있음이라는 단어는 권해 볼 만한 지혜의 문장이다.

홀로 있음은 단순히 사람들 곁을 떠나는 게 아니다. 소유와 집착에서도 자유로워야 한다. 명예, 권력, 지위, 배경, 학벌… 이런 것들에 휘둘리고 있다면 몸은 혼자 있어도 진정 홀로 있는 게 아니다. 또 머릿속이 번뇌와 삼독三毒으로 가득하다면 산속 깊은 암자에 살아도 고독하지 못하다. 진정한 홀로 있음이란 바깥의 소유와 안의 잡념을 모두 비워내는 일이다. 머릿속이 맑게 비워질 때, 그때 우리는 온전히 홀로 존재한다.

더 깊은 '홀로'의 의미가 있다. 근원에서 우리는 모두 '홀로' 있다. 아니, 우리는 모두 하나의 '홀로임' 속에서 나왔다. 이 세상엔 둘도 셋도 없다. '하나'라는 불이不二의 지혜에서 일체 삼라만상, 모든 존재가 흘러나왔다. 석가모니의 '천상천하天上天下 유아독존唯我獨尊'도 바로 이를 말한다. 하늘 위 하늘 아래 오직 이 하나임만이 홀로 존귀하다. 이 하나, 이 한마음 위에 일체 삼라만상이 출현한다. 일체유심조一切唯心造.

깨달음은 곧 외로움이고 홀로 있음이다. 진정 깨닫게 되면 오직 홀로 설 수밖에 없다. 고봉정상孤峰頂上 외로운 곳에 홀로 우뚝 서게 된다. 부처를 만나면 부처를 죽이고, 조사를 만나면 조사를 죽이며, 그 어떤 한 법도 세우지 않는다.

이 깨달음의 홀로 있음은 둘이나 셋, 넷, 만법 전부를 포섭하는 하나다. 일체 모든 것을 나타나게 하고 일체 모든 것을 섭수하여, 삼라만상의 아버지가 되고, 만법의 출처가 되는 허공 바탕으로써의 홀로 있음이다.

봄이 온 숲을 보라. 겨우내 앙상한 가지로 외로움을 견디던 나무들이 이제 다시 새순을 틔운다. 홀로의 시간이 있었기에 다시 함께하는 계절이 찾아온 것이다. 사람도 그렇다. 외로움을 통과한 이만이 진정한 만남을 누릴 수 있다. 홀로 있음의 충만함 속에서 만 가지 꽃들이 피어난다. 홀로 있음이 두렵지 않을 때, 그때 함께 해도 두렵지 않다. 그러니 고독을 두려워하지 말라. 그것은 결핍이 아니라 삶을 빛내는 가장 비밀스러운 예술이다.

때로는 침묵이 열 마디 말보다 낫다

 내가 사는 도량은 조용하고 외진 곳이지만 이런 조용한 산사에 살면서도 많은 사람과 관계를 맺게 된다. 사람들을 많이 만나다 보니 말이 많아질 때가 종종 있다. 하지 않을 말을 하게 된다거나 말이 잘못 나오거나 후회되는 말들을 많이 하고 돌아오는 길은 마음 한구석 싸한 것이 허한 느낌을 지울 수 없다.
 출가 이후로는 그 전처럼 친한 친구들끼리 만나 이런저런 잡담을 늘어놓는 시간이 많이 줄어들긴 했지만, 이곳도 사람 사는 곳이다 보니 친한 벗들을 만나면 반가움에 이런저런 말들이 끊임없이 이어지곤 한다. 얼마 전에도 좋은 벗들이 모여 앉아 밤이 새도록 차를 마시며 살아가는 얘기들을 주고받은 적이 있다. 모처럼 참 좋은 시간이었음에도 헤어지고 내 처소에 와 앉아 있자니 마음이 괜히 허하고 불편했다.

말이 많아지다 보니 쓸데없는 말은 물론 그때 그 얘기는 하지 말았어야 했는데 싶은 말들도 있고, 후회되는 말들도 많았음을 뒤늦게 깨닫게 됐다. 또 사람들의 대화 중에 꼭 빠지지 않는 말이 누군가를 흉보는 것인데 그런 말에는 이러지도 저러지도 못하는 경우가 많다. 대화를 깨지 않으려면 맞장구를 치지 않을 수도 없고 그렇다고 함께 맞장구를 치자니 수행자가 되어 남의 말이나 일삼는 소인배가 될 수밖에 없으니 이래도 허물, 저래도 허물이다. 사실 대화 중에는 이렇게 말해도 허물, 저렇게 말해도 허물인 말들이 부지기수다. 혹은 잘 말한다고 했는데 그 말이 전혀 다른 뜻으로 제삼자에게 전달되는 경우도 많지 않은가. 어쨌든 가만 생각해 보면 말이란 많으면 많을수록 그대로 허물의 양과 비례한다.

모처럼 만에 만난 좋은 벗들과의 대화였는데 괜히 마음에 흔적만 남기고 말았다. 그런 일이 있고부터는 사람들을 만날 일이 있으면 먼저 잠깐 내 마음을 관觀하고, 내 입을 관하게 된다. 만나는 시간이 길어지거나 덩달아 내 말이 길어진다 싶으면 바로 내 입을 관하고 말을 관하곤 한다. 분명 입에서 시도 때도 없이 튀어나오는 말을 관찰하게 되면 헛말이 줄어들고 그만큼 허물도 함께 줄어들게 된다. 그런 침묵과 절제의 대화 뒤에는 몸도 마음도 싱그러움을 느낄 수 있다.

사람을 만나도 말수가 적거나 대화 중에도 오랜 침묵에 익숙한 사람을 만나면 든든하다. 그런 사람과는 함께하는 것만으로도 충만하고 편안함을 느낀다. 그런 사람은 말이 없으면서도 은은하고 향기로운 침묵의 언어, 소리 없는 소리의 가장 강력한 언어를 안으로 움트게 하는 사람이다. 그런 사람이 이따금 끄집어내는 한마디는 큰 신뢰를 준다.

그런데 그와 반대로 말이 많은 사람은 그 말에 믿음이 가지 않고 말과 함께 사람까지도 가볍게 느껴진다. 말이 많은 사람과 함께하는 것은 번거롭고 불편하기 그지없다. 내가 아는 사람 중에는 말하는 것을 삶의 가장 큰 행복으로 여기는 사람이 몇몇 있는데 말이 시작됐다 하면 끝날 줄 모르고 계속 이어지는 말 앞에서 듣는 사람은 참으로 힘겨운 고행을 감내해야 한다.

하기야 그런 사람도 나의 소중한 스승이다. 말 많은 사람을 만나고 나면 난 내 속뜰을 몇 번이고 더 비추어 보고 내 말의 습관을 자꾸만 돌이켜보게 된다. 그러면서 나의 말하는 일상에 대해 좀 더 반성하고 면밀히 지켜보리라는 원을 쌓는다.

꼭 어떤 특정한 사람을 정할 것도 없이 대부분 사람의 일상을 가만히 관찰하면 그다지 하지 않아도 될 말을 참으로 많이 하고 산다. 절제되지 않은 말, 거친 말, 속이는 말들이 자연스러운 용어가 되어 넘쳐나는 세상이고, 심지어 그런 교묘한 술수의 말들을 잘 뱉어낼 수 있어야 성공하고 능력 있는 사람으로 인정받는 세상이기도 하다.

말이라는 것은 모름지기 내면의 걸러짐이 있어야 한다. 알아차림의 필터로 인연 따라 불쑥불쑥 올라오는 내면의 숱한 언어들을 침묵으로 걸러낼 수 있어야 한다. 입이 가벼우면 생각이 가벼워지고 행동이 가벼워져 경계에 닥쳐 금방 울고 웃고 휘둘리는 일이 많아진다. 입이 그대로 온갖 화의 근원이고, 번뇌의 근원이 되어 우리를 얽어맨다.

그래서 《보은경》에서는 "구업口業은 몸을 깎는 도구이며 몸을 멸하는 칼날"이라 했고, 《사자침경》에서는 "화는 입으로부터 나와서 천 가지 재앙과 만 가지 죄업이 되어 도로 자기 몸을 얽맨다"라고 했다.

모름지기 수행자는 침묵할 줄 알아야 한다. 침묵하는 자는 들뜨지 않으며 가볍지 않고 쉽게 행동하지 않는다. 침묵하는 자는 수행에 있어 큰 보배와도 같다.

침묵으로 걸러진 정제된 말은 그대로 종소리가 되어 법계를 울릴 것이다. "말을 하더라도 선하게 하여 말 한마디라도 종소리가 은은하게 울리는 것 같이 하라"고 한 《법구경》의 말씀처럼 우리의 말도 은은하게 울려야 하겠다.

마음을 잘 비추어 보라

 마음이 허한 날이 있다. 내적으로 평화롭지 못하여 괜스레 마음이 헛헛한 그런 날. 그런 날 나는 가만히 속뜰을 바라보면서 산길을 걷는다. 한동안 맑은 숲길을 거닐다 보면 역시 원인 없는 마음은 없다는 것을 알게 된다. 그렇게 허한 날은 이 마음이 중심을 못 잡고 어딘가 한없이 헤매다 온 것이 틀림없다.
 마음은 날뛰는 원숭이와도 같아 한순간도 가만히 있지를 못하고 이리저리 옮겨 다니길 좋아한다. 내 마음이 내 안에 중심을 잡고 딱 붙어 있어야 할 것인데 잠시도 쉬지 않고 끊임없이 자꾸 바깥으로 놀아나기를 쉼 없이 한다.
 사랑하는 사람에게 붙었다가 미워하는 사람에게 붙었다가, 돈, 명예, 권력, 지위에 가서 붙고, 고등학생들은 대학에 가서 붙고, 대학생들은 취직에 가서 붙고, 직장인들은 진급에 가서 붙고 부모가 되면 자식에게 가서 붙고, 욕을 얻어먹으면 욕한 사람에게 붙었다가, 칭찬을 들으면 칭찬한 사람에게로 옮겨가고, 이미 지나간 과거에 가서 붙기도 하고, 오지도 않은 미래에 가서 붙기도 한다.

하루에도 아침부터 저녁까지 눈귀코혀몸뜻[眼耳鼻舌身意]이 세상과 접촉하는 순간순간, 우리 마음은 그 대상인 색성향미촉법色聲香味觸法으로 딱 달라붙어 온갖 종류의 분별 의식이라는 쓰레기를 양산해 낸다. 그것이 바로 육식六識, 즉 안식眼識, 이식耳識, 비식鼻識, 설식舌識, 신식身識, 의식意識이다. 대상[色境]을 보자마자[眼根] 본 것을 좋다거나 싫다고 분별하고[眼識], 연이어 좋은 것은 집착하고 싫은 것은 거부하는 것이다[取捨揀擇]. 이러한 십팔계十八界 작용에서 중생의 모든 괴로움이 생겨나는 것이다.

그렇기에 수행자는 늘 깨어 있는 마음으로 비추어 볼 수 있어야 한다. 이 마음 어디에 있는지 늘 비추어 볼 수 있어야 한다. 마음이란 놈의 특성이 붙잡기를 좋아하다 보니 이놈은 밖으로 외출만 하고 돌아오면 혼자 오지를 않고 온갖 번뇌며 애욕이며 집착 거리를 잔뜩 짊어지고 돌아온다. 그러니 늘 마음이 무겁고 혼란스럽고 정리가 안 되고 그러는 것이다.

내 마음이 중심을 딱 잡지 못하고 자꾸만 바깥으로 쏘다니며 육식의 분별 망상과 취사간택을 쌓게 되면 갖지 못해 괴롭고, 버리지 못해 괴로운, 고픔가 생겨난다. 그러나 분별의식이 바깥 대상으로 떠돌아다니지 않고 '지금 여기'라는 분별없는 자리로 돌아오게 되면, 그때 모든 괴로움은 사라지고 고요한 적멸이 드러난다.

이 마음이 내 안에 중심 잡고 딱 버티고 있어서 몸 있는 곳에 마음도 함께 있어야 한다. 몸은 여기에 있는데 마음은 늘 다른 곳을 기웃거리니 그 균형이 자꾸 깨지게 되는 것이다. 그러다 보면 몸에 이상이 오고 마음에도 이상이 오게 되는 것이다. 온갖 몸의 병이 생기는 연유도 그렇고 마음의 병으로 고뇌하는 이유도 그렇다.

몸과 마음을 자꾸 갈라놓지 말아야 한다. 마음을 다른 곳으로 내보내지 말라는 말이다. 그러기 위해서는 마음의 처소를 늘 비추어 볼 수 있어야 한다. 이 마음이 오늘은 또 어디로 쏘다니는지, 또 어떤 번뇌를 가지고 돌아올 것인지 잘 관찰해야 할 것이다.

일단 나간 마음이라도 잘 비추어 보면 들어올 때 뭔가를 자꾸 싸서 들어오지 않고 텅 비운 채 들어올 수 있다. 도둑이 훔치러 갔다가 주인이 졸고 있거나 다른 곳에 가 있으면 쉽게 훔쳐 달아나겠지만 주인이 두 눈 뜨고 바라보면 어디 훔쳐 갈 엄두라도 낼 수 있겠나. 마찬가지로 우리가 마음의 눈을 뜨고 이 마음이 어디로 쏘다니는지 잘 관찰하여 바라보면 쉽게 마음에 도둑이 들지 못한다.

마음이 원숭이처럼 한없이 날뛰더라도 우리가 내면의 눈을 환히 뜨고 늘 비추어 보면 이 마음이 경계 따라 나갔다가 들어오기는 할지언정 무거운 집착과 애욕, 소유의 짐들을 다 놓아버리고 맑게 비운 채 들어올 수 있는 것이다. 그랬을 때 이 마음은 나가고 들어옴에 걸림 없이 텅 빈 마음으로 자유롭게 드나들 수 있게 된다.

그러니 수행자는 늘 '이 마음 어디에 있나?' 하고 잘 비추어 볼 수 있어야 할 것이다. 지금 이 순간, 당신의 마음은 어디에 있는가.

가까운 인연과 풀어야 할 숙제

 나와 가장 가까운 사람과의 인연이 중요하다. 가장 가까운 사람과 바른 관계를 유지하지 못한다면 먼 사람과의 관계도 바를 수 없다. 만약 매일 만나는 가족과는 사이가 좋지 못하면서 가끔 보는 사람들과 좋은 관계를 맺는다면 그 사람은 자신을 속이고 있는 것이 아닌지 되짚어 봐야 한다. 나와 가장 가까운 사람과의 관계 속에서 나의 여실한 모습을 볼 수 있다. 또한 가장 가까운 사람과 어떻게 인연을 맺는가를 보면 그의 참으로 진술한 진짜 모습을 만날 수 있다. 먼 사람과는 나를 숨기고 살 수 있겠지만 가까운 사람과는 진짜 나를 드러내기 때문이다.

 사실 가장 가까운 인연은 곧 나를 드러내는 거울이며, 바로 내 모습이 그대로 드러난 것과 같다. 또 다른 나를 만나는 일인 것이다. 내 업식만큼만, 내 그릇 크기만큼만 이 세상은 내게 모습을 드러내기 때문이다. 내 안에 있는 것만 내 바깥으로 드러날 수 있기 때문이다. 사실 내가 사는 세상은 곧 나 자신의 투사다. 그래서 《유마경》에서는 '심청정心淸淨 국토청정國土淸淨'이라고 했다. 마음이 청정하면 그가 사는 국토도 청정하다는 것이다.

아버지를 너무 미워하던 딸이 남편을 고를 때는 죽어도 아버지 같은 사람은 안 만나고 싶다고 했지만 막상 결혼해 보면 아버지를 닮은 사람과 살게 된다고 하지 않은가. 자기 안에 있는 업장業障, 업습業習이 비슷한 업보의 사람을 끌어 당기는 것이다. 그만큼 우리 안의 업습이 무섭다는 얘기다. 내 안에 그런 업이 있으니까, 그걸 닦아야 하니까 자꾸 그런 사람을 만날 수밖에 없는 것이다. 남편이 싫다고, 아내가 싫다고 이혼해 봐야 다음에 다시 만나는 사람도 다 비슷하게 나를 힘들게 한다. 그건 상대방의 문제가 아니라 내 문제이기 때문이다.

내가 아는 이혼한 보살님 얘기다. 이 보살님은 남편과 이혼만 하면 잘 살고 행복할 줄 알았는데 막상 이혼하고 보니 그 이후에 만나는 사람이 이상하게도 좋지 않은 사람이거나 고통을 주는 인연들이었다. 재혼 후에 그 남자가 바람을 피워 헤어지고, 오랜 시간 후에 다시 만난 사람은 사기꾼이었고, 고아를 딸같이 키웠는데 편지 한 장 미안하다고 남겨놓고 그간 모은 돈을 다 들고 도망가 버렸다는 것이다. 이렇게 괴롭다 보니 신세 한탄만 늘어가고 사람들이 무섭고 미덥지 않다고 서러워하며 말한다. 차라리 좀 힘들더라도 그때 이혼 안 하고 좀 견디면서 남편과 살 걸 그랬다고 하지만, 이제야 후회한들 그게 다 무슨 소용인가.

물론 이혼이 필요한 예도 있겠지만 이혼만이 능사는 아니기도 하다. 그것이 다 내 업식이니 그걸 닦아내지 않으면 앞으로 내가 만날 사람들이 다 그만그만한 사람들이다. 다 내 업대로 경계를 만나고 사람을 만나기 때문이다.

특히 가족이나 부부, 부모, 자식, 스승과 제자 간의 인연 등은 나 자신의 거울 그 자체다. 만약 부부나 가족 간에 풀어야 할 숙제가 있다면 이번 생이 끝나기 전에 꼭 풀고 갈 수 있어야 한다. 이를테면 부부지간이 원수 같은 관계일지라도 그건 겉으로 드러난 그 이상의 또 다른 의미를 내포하고 있는 인연이라고 볼 수 있다. 두 부부 사이에 풀어야 할 숙제가 있으니까 만나지, 아무런 연고도 없는 사람이 뜬금없이 만나 서로 괴롭히는 일은 없다는 것이 인연법의 가르침이 아닌가. 만약 이번 생에 원수지간의 인연이라면, 돌려 말하면 이번 생에 바로 풀 수 있는, 즉 악업을 풀 수 있는 가장 좋은 때를 만난 것으로 볼 수도 있다. 그러니 해결하기 어렵다고 무조건 회피하거나 이별하거나 또 다른 복수를 함으로써 풀게 되면 결국 둘 사이는 더 큰 업으로 묶여 다음 생에 더 큰 괴로운 관계로 만날지 모른다.

그러니 자기를 바로 볼 수 있어야 한다. 그건 내 안의 업의 문제이니 그것을 푸는 것도 내 안의 문제이다. 상대로 인해 생긴 일이긴 해도 그것이 상대의 문제가 아니라 바로 내 문제란 말이다. 그러니 내 마음의 업을 닦고 내 마음을 맑게 정화하면, 저절로 상대방과의 업연도 닦이게 마련이다. 말 그대로 내가 변하면 세상이 변한다.

이렇듯 마음공부 하는 이는 가장 먼저 삶의 모든 문제는 나 자신으로부터 시작됨을 알아야 한다. 문제의 탓을 바깥으로 돌리는 것은 어리석다. 물론 타인의 문제가 없을 수는 없고 문제가 있는 사람을 만난다면 그를 어떻게든 좋게 바꾸도록 노력은 해야 한다. 그러나 아무리 해도 바뀌지 않으면서 헤어지고 싶어도 헤어지지도 못하는 인연도 있다. 그때는 자기를 돌아봐야 한다. 어차피 바뀌지 않는 타인을 바뀌게 하려고 애쓰며 괴로워하기보다는 바꿀 수 있는 자기 자신을 돌아보는 것이 올바르지 않은가.

놀랍게도 내가 변하면 타인도 변한다. 나와 세상은 둘이 아니게 연결되어 있기 때문이다. 나와 타인은 따로 떨어진 서로 다른 둘이 아니라 긴밀하게 연결되어 '네가 있으므로 내가 있고, 네가 없으면 나도 없는' 연기적인 '하나임'의 관계이다.

타인을 바꾸고 세상을 바꾸려 애를 쓰며 괴로워하기만 한다면 언제까지고 그 괴로움은 끝도 없이 이어질 것이다. 세상은 '내 뜻대로' 되는 곳이 아니기 때문이다. '내 생각대로' 되는 곳이 아니라, 연기법에 따라 즉 인연 따라 되는 곳이다. 그러면 어떻게 해야 할까? 인연을 바꾸면 된다. 내가 먼저 바뀜으로써 좋은 원인을 지어 놓으면 자연스럽게 결과는 뒤따라온다.

자꾸만 마음에 안 드는 세상과 타인을 탓하며 그들을 내 뜻대로 바꾸려고 애쓰지 말라. 그것은 가능하지도 않다. 내 생각만을 고집하는 것은 그들에게 또 다른 폭력이 된다. 대신에 나 자신을 바꾸고 스스로 마음을 변화시켜 보라. 그것은 쉬울 뿐 아니라 내가 직접 할 수 있는 것이고, 폭력적이기는커녕 자비롭고 지혜로운 방식이다.

괴로움은 환상이다

살면서 괴로움 하나쯤 없는 사람이 어디 있으랴. 누구나 한 번쯤 가슴 미어지는 고통을 겪어 봤을 것이고, 또한 가슴속에 파묻고 살고 있으리라. 지난주에도 법회를 하는데 어떤 한 대목에서 한 사람이 유난하게 눈물을 글썽이며 흐느꼈다. 때때로 우리는 삶의 어떤 아픔을 죽을 때까지 가슴속에 파묻고 살게 될지도 모른다. 아무리 놓으라고 비우라고 해도 그것이 쉽지 않다. 그러더라도 놓아야 하고 맑게 비워야 텅 빈 가슴으로 홀가분하게 살아갈 수 있지만 그것이 말처럼 쉽지만은 않다.

마음을 비우고자 하는 수많은 사람 또한 간과하고 있는 중요한 한 가지가 있다. 그것은 바로 놓고자 하는 바로 그 마음도 놓아야 할 망상일 뿐이란 사실이다. 그러면 도대체 어떻게 해야 하는가.

먼저 우리를 괴롭히는 괴로움이 무엇인지부터 살펴보자. '나'와 '세상' 사이에서 괴로움이 생겨난다. 또한 내가 세상에 대해 좋다거나 싫다고 분별하면서 좋은 것은 집착하여 갖지 못해 괴롭고, 싫은 것은 미워하며 없애지 못해 괴로워한다. 나와 세계, 그 속에서의 분별이 모든 문제의 시작이다. 불교 교리로 말하면 십팔계十八界가 그것이다.

결론부터 말하면, 나도 환상이고 세계도 환상이며 그 속의 분별 망상도 전부 다 환상이다. 환상의 내가 환상의 세상 속에서 환상의 온갖 일들을 벌이며 좋아하고 싫어하면서 그 것이 환상인 줄 모르다 보니 좋은 걸 못 가질 때 괴롭고, 싫은 것이 올 때 괴로워하고 있다. 당연히 삶의 모든 괴로움도 전부 환상이다. 물론 아무리 나와 세계가 환상이라고 해도 못 믿을 것이다.

마치 어젯밤 꿈을 꿀 때는 나와 세계 이 모든 것이 전부 진짜라고 여겼기에 누군가가 아무리 이 모든 것이 꿈이라고 말해도 믿지 못했을 것 아닌가? 그러나 잠에서 깨고 보면 고민할 것도 없이 꿈속의 나와 세계는 완벽하게 꿈이고 환상이었음이 밝혀진다. 이것이 이 현실 세계의 내밀한 힌트다. 이 현실 세계 또한 분별 망상이라는 꿈이 연기되고 있을 뿐이다.

이 현실이라는 꿈과 환상은 어떻게 생겼을까? 십팔계의 화합과 십이연기라는 불교 교리는 더욱 정교하게 그 과정을 설명하고 있다. 너무 어려운 내용일 수도 있으니 간단히 빠르게 훑어볼 텐데 모르면 그냥 넘어가도 좋다.

십팔계의 교리에서는 나를 인연으로 세계가 있고, 세계를 인연으로 내가 있으며, 나와 세계의 접촉에서 느낌, 애욕, 집착이 생겨난다고 한다. 물론 십이연기十二緣起에서는 그 이전에 내가 살아온 환경에서 배워 익힌 업장, 업습, 업식이 어떠냐에 따라 만나는 대상에 대해 좋아할지 싫어할지가 결정된다고 한다. 쉽게 말하면, 십이연기와 십팔계 등의 교리에서 보면 이 세상 모든 존재와 존재가 느끼는 괴로움은 인연 따라 연기 작용으로 그저 허망하게 생겨나고 사라질 뿐이어서 고정된 실체가 아님을 설하고 있다.

'나'와 '세계'라는 존재도 인연 따라 생겨나기에 실체가 아니고, 그 속에서 벌어지는 '괴로움'도 실체가 아니다. 《반야심경》의 '무안이비설신의無眼耳鼻舌身意 무색성향미촉법無色聲香味觸法 무안계無眼界 내지乃至 무의식계無意識界' '무무명無無明 역무무명진亦無無明盡 내지乃至 무노사無老死 역무노사진亦無老死盡 무고집멸도無苦集滅道'가 이것을 설명하고 있다.

존재라는 망상이 탄생하고, 그 존재들의 관계 속에서 괴로움이 생겨나는 것을 불교에서는 십이연기로 설명한다. 십이연기를 최대한 현실적으로 이해하기 쉽게 설명해 보면 이렇다. 우리는 어리석기 때문에[무명無明], 욕 잘하고 화 잘 내는 부모 아래에서 자란 자녀는 똑같이 욕하고 화내는 업[행行]을 보고 배우며, 그런 삶의 경험에서 업식[식識]이 쌓인다. 그에 따라 어떤 사람이나 상황[명색名色]을 내가[육입六入] 만나서[촉觸] 마음에 안 드는 일이 생기면[촉], 곧바로 기분 나쁜 느낌[수受]이 들고, 그 싫은 느낌에 애착[애愛]과 집착[취取]이 일어나고, 그에 따라 화, 분노 등이 생겨난다[유有]. 이렇게 생겨난[생生] 화와 분노의 감정은 한동안 지속되고 변화되다가 결국 사라진다[노사老死]. 이것이 간단한 십이연기의 현실판 해석이다.

즉, 화와 분노가 내가 세상과 접촉한 인연으로, 또 내가 살아온 업식 때문에 나쁘게 느끼고 집착한 이유로 그런 화와 분노는 생겨났다는 것이다. 똑같은 상황에 모든 사람이 똑같이 화를 내지는 않는다. 업이 다르면 같은 상황에 반응도 다르다. 다시 말해, 화와 분노는 이러한 순간적인 십이연기의 과정을 통해 '인연 따라' 생겨났을 뿐, 실체가 아니란 뜻이다. 자기 스스로 허망하게 만들었을 뿐이지만, 우리는 이 십이연기라는 분별 망상의 미세한 과정을 전혀 깨닫지 못하기에 곧장 결과만 보고 화와 분노가 진짜인 줄 알고 그 감정에 휘둘리게 된다.

나와 세계, 그리고 그 속에서 벌어지는 온갖 사건들과 괴로움들이 전부 이처럼 허망하게 인연 따라 생겨날 뿐이다. 인연, 연기법을 모르기에 우리는 허망하게 망상 속에서 실체인 것으로 오해한 것일 뿐이다. 인연 따라 생겨난 모든 것은 실체가 없다.

마치 목마른 사람이 사막을 걷는 인연이 생기면 저절로 오아시스라는 환상이 생겨나는 것처럼, 나와 내가 사는 현실 세계 또한 그와 같이 인연 따라 생겨난 것처럼 보이는 환상일 뿐이다. 마치 지난밤 꿈에는 우리 의식의 한 부분이 꿈의 세계를 펼쳐내었지만 꿈을 깨고 보니 그 모든 것이 꿈이었음과 같다. 의식 하나가 꿈속의 나와 세계와 그 속의 이야기들을 전부 펼쳐냈듯이, 현실에서는 우리의 분별 의식 하나가 현실이라는 망상의 세계를 만들어냈다! 이를 불교에서는 만법유식萬法唯識이라고 한다.

이 세상은 실체적인 존재의 세계가 아니다. 허망한 분별 의식의 세계다. 연기법이라는 법칙이 이 모든 것을 가능하게 했다. 연생무생緣生無生이라는 불교의 말처럼 인연 따라 생겨난 모든 것은 사실은 생겨난 바가 없다. 그러므로 실체 아닌 것에 얽매일 것도 없고 집착할 것도 없다. 실체가 아닌 것에 얽매여 괴로워하고 아파하고 답답해할 것은 없다. 삶의 모든 괴로움이 이와 같다. 내 의식 속에서 괴로움을 만들어낸 것일 뿐이지, 진실을 바로 본다면 전혀 괴로워할 이유가 없다.

인연 따라 생겨나 실체가 없기에 세상 모든 것은 다 공空하다고 하는 것이다. 물질도 공하고, 사람도 공하고, 괴로움도 공하며, 아픔도 슬픔도 공하다. 사랑도 미움도 공하며, 수행도 열반도 부처며 깨달음도 다 텅 비어 공하다. 삼라만상 일체 모든 것이 다만 내가 지은 선악의 행위인 업에 의해 잠시 꿈처럼 생겨나고 사라지기를 반복하는 것뿐이다. 그것은 실체가 아니다. 그러므로 거기에 얽매일 것도 없고 괴로워할 것도 없다.

아픔도 슬픔도 그냥 우리가 지어낸 것에 불과할 뿐이니 이 세상의 본연에는 털끝 하나 움직인 일도 없고 일어난 것도 없다. 그러니 괴로움에서 벗어나 영원한 대자유를 꿈꿀 것도 없다. 모든 것은 본래 자리에 늘 그렇게 여여하게 놓여 있을 뿐이다. 다만 지금 이 순간 일체 모든 관념의 울타리를 놓아버리고 바로보기만 하면 된다.

일체를 다 놓는다는 것은 애써서 할 일이 아니다. 애쓰고 노력하면 벌써 어긋난다. 애쓰고 노력한다는 것은 무언가를 바라는 일이며, 그랬을 때 지금 이 순간의 온전한 성품을 놓치고 만다.

다만 지금 이 순간 내 안의 분별을 그냥 내려놓고 내 안에 켜켜이 쌓인 관념의 틀을 그냥 버리기만 하라. 아니, 버리는 것도 하는 것이니 사실은 분별하던 습관을 그저 하지 않기만 하면 된다. 할 것은 아무것도 없다. 늘 행해오던 고질적인 분별 망상의 습관을 그저 하지 않기만 하면 세상은 본래 아무 일도 없다. 본래 환한 참마음을 그냥 드러내기만 하는 것이다. 그러면 모든 것이 본래 자리를 찾는다. 여여하게 물 흐르듯 흘러간다. 아주 자연스럽고 평화롭게. 그것이 우리들의 본성이고 이 세상의 본래 성품이다.

바로 이것이 수행자의 본분이다. 찾되 찾으려는 노력 없이 찾으라. 마땅히 머무는 바 없이 마음을 내라. 무위無爲로써 함이 없이 하라.

외로움에 휩싸여 외로워 보기

 이따금 길을 걸어 저녁노을을 마주하며 나의 하루를 들여다본다. 어젯밤에도 지는 해를 바라보았다. 동시에 저녁노을에 비친 가을 단풍이 떨어지는 풍경을 대하며 그 두 가지 '지는 것들의 아름다움'이 연출해 내는 가슴 벅찬 연주를 들었다. 이런 풍경을 대할 때면 난 시간 가는 줄 모르고 푹 빠져들곤 한다.
 요즘 같으면 찬바람이 휑하니 불어 내 안에서 피어오르는 느낌을 느끼기에 더없이 좋은 때다. 이 느낌을 어떻게 표현해야 할까. 외롭다고 할 수도 있겠고, 고요하다거나 평화롭다거나 할 수도 있겠지만 애써 그것을 표현하지 않아도 좋다. 뭐랄까, 내 안의 본래의 감각을 온전하게 끌어내 주는 이 느낌에 가만히 마음을 모으다 보면 이 대자연의 숨결과

하나 되는 듯 내 마음은 어느덧 선禪으로 향한다.

 이런 쨍한 느낌은 참으로 귀하다. 그 느낌을 그저 휙 지나쳐 버릴 수는 없다. 가만히 그 느낌에 마음을 모아 충분히 그 속에 있어 보면 그 모든 느낌들 속에서 명상과의 연결점을 만날 수 있다. 느낌에 집중한다는 것은 사념처四念處 수행 중에서도 매우 중요한 대목이다.

 우리는 늘 수많은 감정과 느낌 속에서 살아가지만 그 느낌을 온전히 느껴보는 데는 무척 인색하다. 그 느낌에 아무런 차별이나 분별을 갖지 말고 그냥 빈 마음으로 느껴보는 것에 익숙지 않다. 그러다 보니 좋은 느낌에 속아 집착하고 싫은 느낌에 속아 아파하며 자신을 얽맨다. 그러나 본래 느낌 그 자체에는 아무런 분별도 없다.

 그것이 어떤 느낌이 되었든 지금 이 순간에 내 안에서 일어나는 그 느낌에 집중해 보라. 그 느낌을 온전히 느껴라. 온전히 느낀다는 말은 그 느낌을 좋고 싫은 분별을 다 놓아버리고 있는 그대로 받아들인다는 말이며, 충분히 그것을 즐기며 느껴본다는 말이다. 다르게 말하면, 어떤 느낌이 되었든 해석하지 않고 그 느낌 속으로 뛰어들어 충분히 그것과 하나 되어 같이 있는 것이다.

보통은 '내가' '느낌을' '느낀다'라고 여기겠지만, 이렇게 온전히 느낌 속에서 하나 될 때는 이렇게 나뉘지 않는다. '나'도 사라지고, '느낌'도 사라지고, 오직 이 분별없는 '있음' '느낌 그 자체로 있음' 이것뿐이다. 여기에는 주객主客이 없다. 둘이 아니다. 말로 하자면, 그저 느낌 그 자체로 있는 이 순수한 '있음'이 있을 뿐이다. 이런 순간이 귀하다. 바로 이런 때에 우리는 장엄한 삶의 진실을 얼핏 마주하게 된다. 진리와 나 사이에 놓였던 '나뉨'이라는 분별이 힘을 잃고 그 얇은 막 너머를 언뜻 보게 된다. 불이법不二法!

외롭다면 외로움을 흠뻑 느껴보고 화가 날 때는 그 화를 있는 그대로 관찰하고 슬픔이 올 때는 슬픔과 하나가 되어 슬퍼하라. 그 느낌을 분별없이 지켜보고 충분히 느껴라. 어떤 느낌이 오든 좋다. 느낌의 내용물이 좋든 나쁘든 그것은 젖혀 놓으라. 좋은 느낌도 나쁜 느낌도 이 하나임의 관찰 속에서는 다르지 않다. 참된 명상은 좋고 나쁜 둘 다를 끌어안는다. 하나는 좋아서 끌어당기고 하나는 싫다고 밀어내지 않는다. 좋은 느낌도 싫은 느낌도 그 느낌에 끌려가지 않고 그 느낌을 해석하지 않고 그저 있는 그대로 느끼고 그 속으로 들어가 있는 그대로 경험할 때 동등하게 하나의 진실에 가 닿게 한다. 명상 속에서는 좋고 나쁨이 똑같이 '더 좋은' 진실을 드러내는 자원이 된다.

음악치료의 원리도 그렇다고 한다. 우울할 때 사람들은 그것에서 벗어나려고 오히려 신나는 음악을 들으려 애쓰지만 그것은 치료에 별 도움을 주지 못한다. 우울할 때일수록 우울한 노래를 듣는 것이 좋다고 한다. 우울할 때 흠뻑 우울해하고 슬플 때는 충분히 슬퍼할 때 내적인 치유는 비로소 시작될 수 있다고 한다. 자꾸만 벗어나려고 애쓰면 오히려 더 얽매일 뿐이다.

느낌을 있는 그대로 인정하고 느껴보고 즐기고 바라보면 그 느낌을 느끼는 속에서 하나의 커다란 '전환'을 경험하게 된다. 충분히 그 슬픔에 젖어보면서 슬퍼하는 나를 관찰하면 슬픈 내가 사라진다. 슬픔이라는 느낌을 찾을 수 없고 결국에 그 슬픔도 거짓이었음을 알게 된다. 온갖 느낌이라는 것은 인연 따라 잠시 나타난 환영이며 신기루일 뿐이다.

지금 이 순간 그 느낌을 있는 그대로 인정하고 받아들이고 충분히 알아차리면서 느끼기만 하라. 다만 지금 그 느낌과 충분히 대화를 나누고 따뜻한 시선으로 바라보라.

그럼으로써 지금 이 순간의 느낌을 가지려고도 하지 않고 버리려고도 하지 않으며 좋아하지도 싫어하지도 않고 인정하게 되고 받아들이게 된다. 그랬을 때의 느낌 속에 살면서 느낌을 초월할 수 있다. 함이 없이 모든 것을 하게 된다. 느낌을 온전히 느끼기 시작할 때 그 느낌 너머에 본래 있던 자신의 근원에 가 닿게 된다.

외로울 때는 온 존재로 외로워하라.

삶의 문제를 푸는 방법

마음을 간절하게 내면 그것은 현실로 나타난다. 어떤 것이 필요할 때, 그것에 대한 욕심이 없고 다만 간절한 마음 냄이 있다면 때때로 그것은 필요에 따라 응해 주곤 한다.

청정한 마음이 깊게 일어날 때, 내 안의 마음과 모든 세포가 함께 마음을 일으키고 더불어 내 밖의 모든 존재며 생명이 법신으로서 서로 통하여 그것을 만들어 주게 되는 것이다. 물론 여기에는 '맑음'이라는 조건이 붙는다. 여기서 맑음이란 말은 욕심이 없어야 하고 이타적이어야 한다는 말이며 또한 그 일으킨 마음에 대한 바람과 집착까지도 다 놓아버리고 한 생각 일으킬 때를 말하는 것이다.

이를테면 불사佛事할 때도 욕심으로 너무 과하게 하다 보면 도리어 일을 망치는 경우가 많다. 그러나 불사를 집착 없이 부처님께 맡기면 어느새인가 인연 따라 필요한 것이 저절로 생겨나게 마련이다. 모든 일이 그렇다. 일에 대한 욕심을 놓아버리고 인연 따라 턱 맡겨 놓고 시작하면 되어야 할 일은 법계에서 되도록 이끌어 준다.

모든 일이 마찬가지인데 자신의 복을 깨쳐보고 꼭 필요한 적당한 수준에서 해야지, 복이 넘치는 것을 욕심을 앞세워 시작했다가는 낭패를 보기 십상이다. 그것은 진리의 흐름에 따라 인연 따라 행한 일이 아니라 욕심을 앞세워 한 일이기 때문이다. 욕심을 앞세워 복에 겨운 너무 큰일을 벌이게 되면 도리어 그 일의 크기에 눌려 애초에 시작했던 일조차 하지 못하는 경우도 많다. 그래서 모든 일은 '자연스럽게' '필요에 의해' 하는 것이 중요하다. 일의 분위기가 자연스러워야 하고 그 일을 하는 사람들도 모두가 그 정도면 할 수 있겠다는 동의가 있어야지, 그렇지 않고 좀 과하더라도 밀고 나가다 보면 어떻게든 되겠지 하는 마음은 일의 흐름을 깨기 쉽다.

그러나 이 일이 '나'만을 위한 것이 아니고 이기와 욕심이 아닌 타인을 위한 자비와 사랑이 바탕이 되었을 때는 내 복에 좀 과하다 싶더라도 밀고 나가도 되는 일이 있다. 그 이유는 일하는 사람 마음에 '내 일'이라는 생각이 생겨나면 그 일은 그 사람의 복만으로 해결해야 하는 일이지만, 그 일이 내 일이 아닌 '대중의 일'이 되고 수많은 사람을 위한 일, 불우한 이웃을 위한 일이 되었을 때는 내 복을 끌어다 쓰는 것이 아니라 대중 전체의 복을, 나아가 온 우주 법계의 복을 끌어다 쓸 힘이 생겨나기 때문이다. 그래서 자비와 사랑이 중요한 것이다.

이기와 욕심이 사라지고 자비와 사랑이 바탕 되는 일에는 전 우주가 그 일을 돕는다. 물론 이타적인 공공의 일을 하더라도 그 일을 잘 성취함으로써 개인의 사욕을 채우려는 마음이 깔려 있다면 그 마음을 사람들은 모르더라도 이 우주는 다 알고 있어서 그게 잘 될 수가 없다. 그러니 모든 일을 할 때는 자신의 마음을 먼저 점검해 보아야 한다. 일하는 마음이 순수하며 이기가 사라지고 자비로 충만한가, 그것을 먼저 깨우쳐 볼 일이다. 그래서 일에도 마음이 먼저고 그다음에 물질이 따라오는 것이다.

삶 속에서의 수많은 의문 또한 이러한 방법으로 풀 수 있다. 이를테면 의문 나는 것들을 마음속에서 간절히 알고자 하면 이 법계 어디에선가 그 답을 알려준다. 어느 날 이름 모를 야생화를 보았을 때 그 궁금한 마음을 화두 던지듯 내 안에 턱 던져 놓으면, 얼마 안 있어 문득 책이나 신문에서 본다거나 혹은 그 꽃을 아는 분께서 알려주셔서 자연스레 그 답을 알게 될 때가 있다.

불교를 공부할 때도 그렇다. 의문이 드는 것이 있을 때 내 안에 그 의문을 턱 던져 놓으면, 내 안에서 경계를 마주하면서 문득 '아, 그렇구나!' 하고 알게 되기도 하고, 때때로 어떤 선지식의 인연을 만나 답을 듣기도 하며, 문득 손에 잡은 책 속에서 그 답을 만나게 되기도 한다. 이렇게 세상의 모든 의문을 푸는 방법은 내 안에 턱 맡겨 놓고 그 안에서 답을 찾도록 하는 것이 가장 근원적이다.

농사짓는 일도 마찬가지다. 내가 농사에 대해 아직도 많이 서툴지만 그래도 이만큼 텃밭이라도 가꾸게 된 것도 다 이 공부를 통해서 얻은 소득이다. 처음 농사일에 대해 아무것도 모를 때 마침 그 시기에 농사짓는 신도님께서 새벽예불을 나오게 되셨고, 약초며 나물에 대해 궁금할 때 새로 옮긴 도량에서 그 방면의 전문가이신 신도님을 만나기도 했다. 늘 그런 방식으로 해결될 문제는 자연스레 해결된다.

그렇다고 무조건 마음을 내면 다 된다는 말은 아니다. 돼도 되는 것이고 안 돼도 되는 것일 수 있어야 참말로 되는 것이다. 그랬을 때 삶의 모든 문제는 더 이상 문제가 아니다. 내 안에서 항상 진리의 답이 물음과 함께하기 때문이다.

이처럼 내 삶의 문제 해답은 내 안에 있고, 그것을 푸는 방법 또한 늘 내 안에 있다. 안으로 맡겨 놓으면 나와야 할 것이 나온다. 그것이 정답인가 오답인가를 분별하지 말고 나오는 바로 그것을 받아들이면 된다. 그것이 수행자가 삶의 문제를 푸는 방식이다.

아플 만하니까 아픈 것이다

　백일기도 중에 한 보살님께서 기도의 가피를 받았다면서, 병원에서도 포기했던 병이었는데 그 많던 약도 끊고 원을 세워 간절히 기도했더니 이렇게 씻은 듯 나았다고 눈물을 흘리며 기뻐하셨다. 그전에는 '왜 하필이면 나인가' 하고 원망했지만, 이렇게 병이 낫고 보니 이를 계기로 몸도 마음도 챙길 수 있게 되었고, 덕분에 부처님의 가르침에 새롭게 눈뜰 수 있는 계기도 되었다고 했다.
　기뻐하시는 보살님께 언젠가 읽었던 책 《구르는 천둥》(더글라스 보이드 지음)의 한 구절을 읽어드렸다.
　우리는 병과 고통이 올 때, 그것이 '나쁜 것'이라고 그래서 빨리 치료해 없애야 할 것쯤으로 성가시게 생각하고 있는 것 같다. 그러다 보니 우선 몸이 안 아프기만을 바라고 온갖 약을 써서 통증을 가라앉히는 데 혈안이 되곤 한다. 그러나 언젠가 읽었던 이 책에서는 병과 고통을 단순히 없애야 할 '나쁜 것'으로 보지 않았다. 그것들은 삶의 원인과 결과 속에서 생겨나는 의미 있는 사건이며, 영적인 차원에서 비롯되는 경우가 많다고 했다. 몸이 많이 아플 때는 다 이유가 있는 것이라는, 오히려 그것을 빨리 사라지게 하면 더 큰 대가를 치르게 된다고 말하는 인디언 영혼의 치료사 '구르는 천둥'의 이야기에 귀를 기울여 봐야 할 것 같다.

우리가 살아오면서 행하는 것들이 때로는 좋은 일이고 또 때로는 나쁜 일들이다 보니, 우리 안에는 맑고 청정한 기운이 순환함과 동시에 탁하고 어두운 기운으로 순환이 막히기도 하는 것이다. 병이란 바로 그 탁한 기운, 혹은 업식들이 병과 고통이라는 매개를 통해 우리 안에서 빠져나가려는 자연스러운 현상이다. 모처럼 우리 안에 맑은 순환을 돌리기 위해 탁한 것들을 빼내려는 자정의 작용이요, 우리를 돕기 위한 몸의 배려다. 어쩌면 그 병이 일어나지 않고, 고통받으며 아파하지 않는다면 더 큰 대가를 치러야 할지 모른다. 그런데 사람들은 그새를 못 참고 온갖 약으로 스스로 정화 작용을 꽉 틀어막고 있다.

아플 때는 아플 만한 때가 되어 아프구나 하고 받아들이고 충분히 아파 주는 것이 좋다. 병 또한 나를 돕기 위한 나름의 이유를 가지고 오기 때문이다. 그랬을 때 아픔도 빨리 가라앉고 우리 안의 정신도 맑게 정화될 것이다. 우리 몸이란 스스로 자정할 수 있고, 또 스스로 치유할 수 있는 가장 온전하고 훌륭한 치료사며 약사다. 법계는, 신은 그 어떤 일도 아무런 이유 없이 만들어내지 않는다. 우리를 괴롭히기 위해 병을 보내는 일을 할 리가 없다. 온전히 그 일은 우리를 돕기 위한 진리의 배려다.

이처럼 우리 몸의 막힌 기운이 병으로 나오는 것이 내적인 자성불自性佛의 배려라면, 세상의 일로 아파하고 좌절하고 힘든 일이 생기는 것은 외적인 법신불法身佛의 자비로운 배려라 할 수 있다. 몸의 병으로 아파하든 아니면 세상의 일 때문에 힘들어하던 그 순간은 업장을 소멸할 수 있는 소중한 순간이며 영적으로 성숙을 맞이할 수 있는 고마운 순간이다.

그 아픔을 통해 우리는 한 단계 더 성숙할 수 있고, 내 안에 잠복해 있는 온갖 병들을 치유할 수 있으며, 내적인 악업들을 닦아낼 수 있는 계기를 얻는다. 이처럼 세상 모든 일은 크게 보았을 때, 진리의 눈으로 보았을 때, '긍정' 아닌 것이 없다. 그러니 거부하지 말고 다 받아들일 수 있어야 한다. 물 흐르듯 자성의 흐름에 일체를 내맡기고 함께 흐르라. 마음을 그렇듯 크게 대긍정으로 돌리는 사람에게는 병도 나의 스승이요, 아픔도 나를 위한 좋은 약이 된다.

화를 다스려야 화를 면한다

　사람이 살다 보면 부부간에도 그렇겠고, 사회생활에서도, 또 가족, 친척, 친구들 사이에도 사소한 오해로 인해 말다툼이나 심지어 싸움까지 하는 경우가 더러 있다. 일반적으로 다른 사람 둘이서 싸우는 것을 보면 서로 양보하라거나 한쪽에서 그냥 마음 풀라고도 하고 여러 가지 많은 조언을 해 줄 수 있지만, 이게 막상 내 일이 되면 이론처럼 그렇게 쉽지만은 않다.
　객관이 되어서 두 사람 싸우는 것을 지켜볼 때는 조언이 쉽다. 그만큼 감정을 섞지 않고 객관이 되어 한 발자국 떨어져서 잘 '관찰'할 수 있기 때문이다. 다른 사람들 싸우는 것을 보면 참 어이가 없고, 저렇게 사소한 것으로 크게 문제로 삼는가 싶기도 하고, 그 당사자들의 못난 속뜰을 훤히 들여

다볼 수 있다. 그러면서 문제의 해답까지도 분명하게 알 수가 있다. 어느 한쪽에서 자존심을 버리고 화해하면 되리라는 것도 알고 화나는 마음 잘 관하고 놓아버리면 되겠다는 것도 잘 안다. 객관이 되어 바라볼 때는 이렇게 쉽다. 문제의 원인도 알고 또 해답도 안다.

바로 이것이 내가 나를 객관이 되어 명징하게 지켜보고 관찰해야 하는 이유다. 다른 사람과 시비가 붙었거나, 오해가 생겼거나 사소한 다툼이 생겼을 때, 그 순간을 놓쳐버리면 그때부터는 그 문제를 풀기 어려워진다. 그러나 바로 그 순간 욱하고 올라온 그 마음을 분명하게 지켜볼 수 있다면 문제는 의외로 쉽게 풀릴 수 있다. 내가 명징하게 깨어 있을 때, 그 어떤 상황이라도 객관이 되어 지켜볼 수 있을 때 스스로 내 마음을 제어하고 통제할 수 있다.

사소한 시비가 붙어 화가 욱하고 올라올 때는 당장에 욕이 나오고 주먹이 날아가지, 그 마음 한번 돌이켜 비추어 본다는 게 그리 쉽지는 않다. 그 어떤 화나고 괴로운 상황이 발생하게 되었을 때라도 그 순간 바로 욕을 하고, 맞받아치지 말고, 그 어떤 시비도 하지 말고, 우선 숨을 크게 들이쉬고 내쉬어 보라. 내가 잘했느니 잘못했느니, 상대방이 분명히 잘못했느니 잘했느니 그런 분별들은 오히려 일을 그르칠 뿐 지금 이 순간 전혀 중요하지 않다. 다만 지금 이 순간은 호흡을 따라 관하고, 욱하고 올라온 그 마음에 집중하면서 내 속뜰을 챙기는 것이 더 중요한 일이다.

한 열 번 정도 숨을 들이쉬고 내쉬면서 호흡의 들고 남을 관찰해 보라. 이것은 비단 호흡만을 관찰하는 것이 아니라 '지금 이 순간'을 객관이 되어 지켜볼 수 있는 아주 좋은 수행이 될 수 있다. 당장에 거르지 않은 말이 툭 튀어나오도록 내버려두지 말고 일단 호흡을 열 번 하면서 분명하게 관찰하도록 하라. 그러고 나서 화를 내도 늦지 않다. 그러고 나서 맞받아치든지 욕을 하든지 하라. 그러면 관찰자의 입장에서처럼 지금의 이 상황을 분명하게 바라볼 수 있고 지금 욱하고 올라온 이 느낌에 속지 않을 수 있으며, 속뜰에서 거르지 않고 툭 튀어나오는 말과 행위의 업을 막을 수 있다.

우리들의 일상생활 속에서 쉽게 맞닥뜨릴 수 있는 경계를 이야기하는 것이다. 그 순간 욱하고 올라온 마음에 속아서 화를 내고 욕을 하고 다투게 되면 그다음 순간에 후회해도 이미 저지를 행위를 녹이려면 얼마나 어려운지 모른다. 그러나 그 순간 온전히 관찰하고 호흡을 관함으로써 한번 돌이킬 수 있다면 그 순간의 경계에 속지 않을 수 있고 속뜰에서 맑게 걸러진 지혜로운 대응을 할 수 있으며, 그 순간 업을 짓지 않을 수 있다.

일상생활 속의 명상이란 게 바로 이것이다. 있는 그대로 지켜보는 것, 그것이 바로 명상이요, 선이다. 생활 속의 수행, 마음공부는 바로 여기서부터 시작되는 것이다. 그 어떤 경계가 오더라도 그 상황에 휘둘려 감정을 섞지 말고 한 발자국 물러나 객관이 되어 바라보기만 하라. 그러면 모든 문제는 스스로 해결점을 찾는다.

오래된 짐을 버리는 법

 가진 것이 너무 많아 하나씩 하나씩 꼭 필요하지 않은 것들은 정리해야겠다고 늘 생각해 오다 이제야 묵은 일을 시작해 본다. 꼭 필요한 것들이라는 것은 정말로 꼭꼭 필요한 최소한의 것들을 말하는데, 우리가 소유하고 있는 대부분은 이 속에 포함되기 어렵다.

 나는 때때로 간디가 말한 '욕망이 아닌 필요에 의한 삶'에 내 소유물들을 대입시켜 본다. 소유하고 있는 것들을 가만히 바라보고 있노라면, 이것이 욕망의 소산인지 아니면 최소한의 필요의 범주에 들어 있는 것인지 알 수 있다. 최소한의 필요가 아닌 것들은 대개 욕망이 개입된 것들이다.

 불필요한 것들을 정리하다 보면 모든 물질마다 제각기 독특한 분별과 집착이 따르게 마련인데, 그 때문에 정리 대상이었던 것들이 다시금 '소유'의 범주로 슬그머니 들어오기 쉽다. 그래서 정리할 때는 마음을 잘 비추어 보아야 그 분별에 속지 않을 수 있게 된다. 조금만 방심해버리면 그놈의 분별과 소유욕의 불길에 휩싸이게 되는 것이다.

때때로 이런 정리의 시간이 내게는 일종의 삶의 점검 때이기도 하다. 소유하고 있는 것들의 무게가 얼마만큼인지, 그것이 내가 감당할 수 있을 만큼인지, 아니면 필요 이상으로 넘쳐나는 것들인지를 수시로 확인해 보는 오래된 습관 같은 것이다. 내가 이런 정기적인 정리와 버림의 작업을 시작하게 된 계기는 출가에 있다.

오히려 출가를 결심하는 일은 쉬웠다. 오래전부터 언젠가는 떠날 것을 예감했기에 그건 어려운 일이 아니었다. 그런데 처음 출가를 결심하고 집에 들어와 그간의 자취 생활에서 모아 놓았던 온갖 짐들을 정리하는 작업, 그 작업이 내겐 더욱 출가의 의미를 심어준 계기가 되지 않았나 싶다. 막상 집에 있는 물건을 정리하려다 보니 모든 물건 하나하나마다 제각각 애착과 추억들이 떠올랐다. '이건 누가 선물해 준 것이고, 이건 정말 어렵게 돈을 모아 산 것이고, 또 이건 내가 정말 아끼던 거라 제대로 써 보지도 못한 것인데' 하는 등의 생각들이 떠오르며 이웃들에게 나누어 주고 홀가분하게 가려던 마음에 자꾸만 제동이 걸렸다.

  소유하고 있는 것들 하나하나마다 독특한 애착과 추억들이 담겨 있기에 물건 하나를 정리하는 일은 애착과 추억들까지도 함께 버리는 작업이다. 그것이 어려운 일이었다. 그러면서 순간 내 마음을 보게 되었다. 이런 것이 출가구나. 작은 것 하나하나에도 이렇듯 특별한 애착들이 서려 있다는 것에 새삼 놀랐다. 이러한 정리의 과정, 작은 것에서부터 집착을 버리는 과정, 비움과 나눔의 과정이야말로 참된 의미의 출가가 아닐까 싶었다.

  그리고 많은 시간이 흘렀다. 그러면서 또 다른 소유물들이 생겨나고 짐짝처럼 쌓여만 가는 것을 본다. 그럴 때마다 그 첫 마음을 떠올린다. 출가는 한 번 하고 마는 것이 아니라 매 순간 해나가는 것이다. 매 순간 비움과 나눔의 정신이 내 안에 깃들어 있는 것, 그것이 바로 출가의 의미다. 그간에 쌓여 있는 짐을 보며 일 때문에 어쩔 수 없는 것들이라고 위로하며 살았지만, 때때로 정신을 차리고 내 방 안을 되돌아보면 아차 싶은 생각이 든다. 그럴 때면 어김없이 초심으로 돌아가 정리의 작업, 출가의 작업을 시작해 보고는 한다.

요즘 내 정리에 가장 큰 장애물은 책장 가득 쌓여 있는 책들이다. 좋은 지식을 많이 쌓도록 해주는 것이 양서가 아니고 마음을 비우게 해주는 것이 양서라고 내 입으로 얘기하고 다니면서도, 정작 그 책들은 버리지 못하고 쌓아두곤 했다. 처음 은사 스님을 떠나올 때 책이라고는 고작 두어 권이 전부였는데, 절에서 주지 소임을 살면서부터 쌓인 책이 이제는 다른 절로 이사를 할 때 차를 불러야 할 판이 되었으니 어지간하게도 쌓아뒀다. 이대로는 안 되겠다 싶어 지난해 절을 옮길 때 대대적으로 정리 작업을 했다. 수십 박스나 되는 양의 책을 모아 꼭 필요로 하는 곳에 보내고 나니 마음도 한결 가벼웠다. 지금 생각해 보면 '아, 그 책!' 하고 다시 펼쳐 보고 싶은 책들이 없는 것은 아니지만 그 이면에 홀가분한 존재감이 더 깊게 자리하는 것을 느낀다.

모든 것은 이와 같다. 많이 버리면 버릴수록 우리의 삶은 조금 더 불편해지겠지만 너무 편리함만을 따르면 도리어 집착만 커질 뿐이다. 참된 공부는 불편함을 이겨나가는 과정에서 이루어진다는 옛 선사들의 말씀을 되새길 일이다.

어디 그뿐인가. 짐짝처럼 난잡하게 쌓여 있는 짐들은 그대로 우리의 마음 살림살이를 내비쳐 준다. 쌓여 있는 것들이 많으면 그만큼 우리의 정신도 단정해질 수 없다. 쓰지 않고 쌓아두기만 한 짐들은 탁한 에너지장을 형성하고 그것은 그대로 우리 마음을 탁하게 만들곤 한다. 꼭 필요한 것이 꼭 필요한 공간을 점유하는 공간에서 비로소 맑은 향기가 피어나오고 청정한 에너지가 뿜어져 나오는 것이다. 오랫동안 한 공간에 머물다 보면 그 공간을 점유하고 있는 모든 것들이 내 몸의 일부인 것처럼 일체감을 느끼게 되는 것도 그 연유이다. 소유물이 줄어들고 집착이 줄어들수록 그 정신 또한 맑게 비워지는 것이다. 버릴 때는 어려워도 시원스레 버리고 나면 그만큼 자유롭고 평화롭기 마련이다. 이런 자유로움은 아무나 느낄 수 없지만, 또 누구나 한 번의 '무소유'를 실천함으로써 쉽게 얻을 수도 있다.

정기적으로 버림의 실천을 하는 것도 좋겠다. 이렇게 버릴 수 있는 사람은 무엇인가를 사거나 얻게 될 때라도 함부로 욕망에 휘둘리지 않고 훗날 버릴 것을 생각하기 때문에 소유의 굴레 속에서 그만큼 자유로울 수 있다. 이런 작업을 통해서 우리는 말로만 수행이 아닌 실질적인 무소유, 방하착放下着의 수행을 체험해 볼 수 있다.

  방 안을 한번 휘휘 돌아보라. 방안 곳곳에 집착과 욕망의 소유물들이 넘쳐난다. 지금 그 안에 사는 나는 그 소유물들에 소유 당하며 휘둘리고 있지 않은가. 물론 조금의 편리함은 있겠지만 도리어 더 큰 살뜰한 행복감을 잊고 있지는 않은가.

  겨울 눈꽃이 이 산사를 또 뒷산 자락을 한창 투명하게 물들이고 있다. 앙상한 나뭇가지에 피어오른 눈꽃의 고요한 잔치를 어떻게 말로 표현할 수 있을까. 그 아름다움이란 아마도 무소유에서 오는 호젓한 평화로움일 것이다. 지난가을, 화사하게 이 산사를 물들였던 단풍잎이 떨어지고 앙상한 가지만을 남기며 홀로 서 있는 것을 보고는 왠지 모를 안쓰러움을 느꼈었다. 그러나 그건 내 생각일 뿐, 때가 되어 나뭇잎을 떨어뜨린 가지는 홀가분한 자유를 느꼈을 것이다. 낙엽을 다 떨어뜨린 무소유의 호젓한 가지만이 한겨울 그 어떤 추위에도 절대 시들지 않고 우뚝 솟아 그 텅 빈 가지 위로 아름다운 꽃눈을 피우고 있지 않은가.

　우리의 삶 또한 때가 되면 훌훌 털어 버리고 일어나야 그 텅 빈 무소유 안에서 새로운 삶의 향기로움을 다시 채울 수 있을 것 같다. 이제 내가 소유하고 있는 모든 것들로부터 또 나를 소유하고 있는 이 모든 소유물로부터 자유로워지자.

기다림을 놓아라

　우리의 삶은 기다림의 연속이다. 기다리고 또 기다리다가, 기다리던 일이 완성되면 또 다른 것을 기다리고, 그것이 완성되면 또 다른 기다림의 대상을 만들어 우리의 기다림은 끝없이 계속되고 있다.

　고등학생은 대학생이 되길 기다리며, 대학생은 좋은 취직 자리를, 직장인은 진급을, 수행자는 깨닫기를 기다린다. 한 가지 일이 끝나기를 기다리고, 내 앞에 나타날 사랑을 기다리고, 빨리 큰돈 벌기를 기다리고, 더 나은 직장을 기다린다. 출근 후에는 퇴근을 기다리고, 평일에는 휴일을, 또 휴가를 기다린다. 가을엔 첫눈을 기다리고, 겨울엔 따뜻한 봄을, 봄엔 여름을, 여름엔 가을을 기다린다. 성공하기를, 부자 되기를, 깨닫기를 기다린다.

그렇게 끊임없이 평생을 기다리고 또 기다리다가 우리는 결국 한 번도 기다리지도 않았던 죽음을 만나게 된다. 죽음의 순간까지 달려가면서 한순간도 기다림을 포기했던 적이 없다.

중요한 것은 '기다림'이 아닌 '기다림의 놓음'이다. 기다리는 마음을 잠시 쉬고 바로 지금 눈앞의 현실 속에서 있는 것이다. '하는 것'이 아니라 '있는 것'. 기다리지 않았을 때 비로소 지금 이 자리에서 깨어 있을 수 있다. 지금 여기에 존재할 수 있다.

기다림이란 지금 이 순간을 원치 않는다는 말이다. 지금이 아닌 다음 순간을 원한다는 말이고, 현재가 아닌 미래를 원한다는 말이며, '지금의 나처럼'이 아닌 '다른 사람처럼' 되길 원한다는 말이며, 내가 갖지 못한 것을 원한다는 말이다.

이러한 기다림은 현재의 모습과 미래의 기대 사이의 갈등을 만들어낸다. 그 갈등이 바로 괴로움의 실체로 다가온다. 기다림이 많다는 것은 그만큼 지금 이 순간 만족하지 않는다는 말이고, 지금 이 순간 만족하지 않으면 우리의 삶은 고되고 괴로울 뿐이다.

이런 우리의 기다림은 습관적이다. 그동안 우리는 무언가를 기다리느라 얼마나 많은 시간을 낭비하고 있는가. 아니, 어쩌면 우리 삶 전체를 이런 쓸모없는 기다림에 헛되이 소모하고 있는지 모른다.

한번 생각해 보라. 삶에서 한 번이라도 '기다림' 없이 그저 현재에 오롯이 존재했던 적이 과연 있기는 할까? 기다릴 것이 없게 되면 공허해진다고 여기겠지만 기다릴 무언가가 없을 때 비로소 지금 여기에 있는 눈부신 아름다운 것들을 비로소 처음 만나게 된다.

나의 20대 중반 어느 봄날, 그런 일이 일어났다. 그 무엇도 기다리지 않고, 바라지 않고, 그저 아무런 생각도 없이 호젓한 날들을 보내던 어느 봄, 절 마당을 하릴없이 거닐다 문득 발아래 피어난 제비꽃을 '처음' 보았다. 봄마다 늘 있던 제비꽃이지만, 언제나 늘 있던 그 작고 앙증맞고 놀라운 생명을 나는 비로소 처음 만날 수 있었다. 그해 봄과 여름, 가을과 겨울, 사계절이 나에게 몹시도 신비로운 난생처음 만나는 자연과 설레는 미팅을 선물해 주었다. 아마도 다른 무언가를 기다리고 있었다면, 바쁜 일들로 생각이 꽉 차 있었다면, 언제나 늘 있던 이 놀라운 선물은 아직도 없었을지 모른다.

기다리지 말라. 기다릴 시간에 바로 지금 이 순간을 사는 것이 더 근원적이다. 무언가가 더 많아지기를 기다리는 대신 지금 있는 것을 진하게 느끼는 호사를 누려 보라. 없는 것을 가지기를 기다리기보다 있는 것과 함께 존재하는 기쁨을 느껴 보라. 무언가가 되기를 기다리기보다, 지금 이미 되어 있는 자기에게 감사해 보라. 자식이 잘 되기를 기다리지 말고, 바로 지금 곧장 아이들과 마음껏 뛰어놀아 보라. 내년에 있을 진급을 기다리기보다, 그저 지금 이 일을 하고 있음에 감사하며 온전히 그 일에 마음을 바쳐 보라. 오히려 그렇게 '기다림'을 내려놓고 지금 여기에 온전히 깨어 있을 때, 그 모든 풍요로운 것들은 저절로 오지 않을까? 모든 것은 내가 기다린다고 오는 것이 아니라 저절로 올 때가 되면 정확하게 때에 맞춰 올 것이다. 아무리 기다려도 내게 복이 없다면, 나와의 인연이 아니라면, 그것은 오지 않을 것이다.

와야 할지 오지 말아야 할지를 우리는 알지 못한다. 저 너머에서 알아서 시절인연을 꽃피울 것이다. 내가 할 일은 보채지 말고 그저 무엇이 오든 허락하는 것이다. 오고 가는 모든 것이 그저 인연 따라 오고가도록 내버려두는 것이다. 오고 가는 것에 욕망을 개입시킬 것이 아니라, 오면 오도록 가면 가도록 허용하고 그저 있는 그대로 바라보는 것이다.

행복은 결코 기다린다고 오지 않는다. 행복은 결코 미래에 있지 않다. 다만 지금 이 순간 깨어 있음과 자족을 통해 드러난다. 기다리는 마음은 이 자리에 있는 행복을 보지 못하게 만든다. 이 자리를 봐야 하는데 다른 자리를 찾고 기다리고 있으니 어떻게 볼 수 있겠는가. 기다림의 결과로 행복을 얻을 수는 없다. 오히려 그 기다림을 완전히 놓았을 때, 그때 언제나 있었던 참 행복을 볼 수 있을 뿐이다.

지금 이 순간 내 모습을 있는 그대로 충분히 인정하며 사랑하고 받아들여라. 그냥 지금 이 순간의 '나 자신'이면 되지 한참을 기다린 후에나 얻을 수 있는 '다른 그 무엇'이 될 필요는 없다. 지금 이 순간의 내 모습에, 내 소유에 만족하라. 이렇게 살아 숨 쉬고 있음에 감사하고 존중하고 인정하라. 다음 순간을 기다리지 말고 오직 지금 이 순간이 기다림을 이룬 순간이 되도록 하라.

행복은 오직 '지금 이 순간'에 있지, 미래에 있지 않다. 이 순간에 서 있으면 무언가를 기다릴 필요가 없다. 지금 이 순간 모든 종류의 기다림을 놓아버리고 바로 이 자리에 서 있어라.

삶을 통제하려는 헛된 욕망

우리는 흔히 자기 삶을 마음대로 조종할 수 있다고 믿는다. 계획표를 짜고 목표를 세우며 내일과 내년에 어떤 결과가 있어야 한다고 자신에게 명령한다. 하지만 진실은 다르다. 그 누구도 자기 삶을 완벽하게 통제할 수 없다.

병에 걸리지 않기를 바라지만 병은 예고 없이 찾아오고, 늙고 싶지 않지만 세월은 우리의 의지와 상관없이 흐른다. 아이는 내가 원하는 대로 자라지 않고 배우자는 늘 나를 이해해 주지 않는다. 회사는 뜻하지 않은 구조조정을 발표하고, 옆집의 인테리어 공사는 모처럼 푹 자려는 생각을 비웃는 것 같다. 통제하고 싶은 순간마다 우리는 좌절과 분노를 경험한다.

그런데도 사람들은 집착한다. '시험에서 반드시 합격해야 한다.' '이 프로젝트는 꼭 성공해야 한다.' '사람들은 내 마음을 알아줘야 한다.' 그러나 그 모든 바람은 현실과 충돌할 수밖에 없다. 결국 통제하려는 욕망만큼 고통이 비축된다. 원하는 대로 흘러가지 않을 때마다 괴롭고, 화가 나며, 초조하다. 사실상 스스로 괴로움을 예약해 두는 셈이다.

진정으로 지혜로운 길은 이런 통제와는 다르다. 오히려 삶을 억지로 조종하려는 애씀을 내려놓는 것에 가깝다. '내 뜻대로 돼야 한다'라는 집착 대신, 지금 주어진 순간을 있는 그대로 허락해 주고 충분히 살아내는 것. 그렇게 살면 불필요한 싸움은 사라지고, 삶은 본연의 평화로 돌아간다. 내가 세상을 통제하려 하지 않았기에, 지금 펼쳐지는 대로 두기로 했기에 세상은 본래 그대로 펼쳐져도 아무 문제가 없다. 행복은 통제를 포기하는 그 자리에서 오히려 드러난다.

문제는 '나'라는 자아가 이 모든 투쟁의 중심에 있다는 사실이다. 성공하거나 실패하는 주체, 행복하거나 불행한 존재로 굳게 믿는 바로 그 '나'.

그러나 불교가 오래전부터 말해왔듯 그 '나'는 실체가 없는 허상이다. 무아無我. 삶 전체가 이미 나이며 우주 전체가 나다. 그렇다면 애초에 통제할 주체란 없지 않은가?

보고 듣고 느끼고 아는 '나'가 있다고 느끼겠지만, 보고 듣고 느끼고 아는 것에 '나'를 왜 꼭 개입시켜야 하는가? 지난밤 꿈속에서 꿈을 꾸는 동안에는 한 명의 주인공을 '나'라고 여겼겠지만, 꿈을 깨고 보니 그 한 사람만 나였던 것이 아니라 보고 듣고 느끼고 아는 삶 전체가 나였고, 만나는 사람들과 빌딩과 하늘과 땅과 사건과 사연들이 전부 통째로 내가 펼쳐낸 것이 아닌가.

이것이 삶의 비밀이다. '나'라는 것은 세상 사람들이 습관적으로 그렇게 믿어 왔던 환상일 뿐이다. 이 몸만 나인 것이 아니라 이 삶 전체가 나일 수는 없는 것일까?

만약 정말 그렇다면 꿈속의 내용을 내가 원하는 대로 통제할 이유가 있는가? 그럴 필요가 없다. 꿈속의 내용에 일희일비할 이유가 없다. 그것은 그저 꿈이기 때문이다. 실체가 아니다. 자각몽을 꾸듯 꿈속에서 꿈임을 깨달은 채 꿈의 세계를 놀이하듯 살아갈 수 있게 된다. 더 이상 꿈의 세계를 내 뜻대로 통제하려 하지 않는다. 꿈일 뿐임을 알기에 그저 내버려둔다. 말 그대로 꿈일 뿐인데 꿈을 왜 통제하겠는가? 꿈을 실제로 오해할 때만 꿈을 바꾸려 하는 것일 뿐이다.

삶은 언제나 삶 자체의 법칙에 따라, 인연 따라 흘러간다. 강물이 굽이쳐 흐르듯, 계절이 바뀌듯, 사건은 일어나고 또 사라진다. 인연생 인연멸, 그저 그렇게 왔다가 갈 뿐이다. 왔다가 가는 것에 집착할 이유는 없다. 오고 가는 모든 삶을 있는 그대로 허용한다면 삶은 이대로 아무 문제가 없다.

다만 우리는 이 삶을 꿈인 줄 모르고 나와 세계를 실체로 오인하기 때문에, 자기 생각으로 이 세상 모든 것을 해석하고 판단하며 분별한다. 분별 망상만 없으면 삶은 이대로 완전하다. 통제할 이유가 없다. 그저 모든 것을 있는 그대로 둘 뿐. 그러할 뿐이다.

우리가 해야 할 일은 억지로 받아들이려고 애쓰는 것도 아니다. 이미 삶은 수용되고 있다. 다만 '이건 안 돼' '저건 싫어'라는 거부의 생각만 멈추면 된다. 그 순간 삶은 충만한 진실로 드러난다. 통제할 필요조차 없었다는 단순한 사실, 본래 아무 문제가 없었다는 사실을 확인하게 된다.

그 자리에서 우리는 깨닫는다. 완전한 평화, 자유, 행복, 기쁨은 멀리 있지 않다는 것을. 그것들은 이미 지금 여기, 있는 그대로의 삶 속에 숨 쉬고 있다는 것을. 결국 삶을 통제하지 않을 때, 삶은 비로소 우리를 온전히 끌어안는다.

3장

마음의 부자

나는 누구인가?

 우리 인생의 가장 근원적인 물음은 '나는 누구인가'라는 것이다. 그것만이 모든 수행자의, 아니 모든 사람의 공통된 물음이고 그것을 찾는 것이 우리 모두의 본업이다. 왜 그러한가. 간단하다. 내가 누구인지 모르고 세상을 살아가기 때문이다. 내가 누구인지도 모르면서 남을 평가하고, 시비 분별하고, '내 것'을 늘리려 하며, 나를 포장하고, 내 생각이 옳다고 하고 몸뚱이를 치장하려 한다는 것이 말이나 되는 얘기인가.

 물론 내가 나를 모르면 누가 나를 알겠느냐고 따질지 모른다. 그렇다면 답을 해 보라. 당신은 누구인가? 우리 몸속에는 1,000억 개의 세포가 있으며, 그 세포들이 죽고 다시 태어나는 데 약 3~4년이 걸린다고 한다. 그러니 3년 전의 내 몸과 지금의 내 몸은 전혀 별개다. 그렇다면 성격이 곧 나인가. 성격도 항상 변할 뿐이다. 착한 사람이 나쁜 사람도 되고 나쁜 짓을 하던 사람이 개과천선을 하기도 한다. 어릴 적 성격과 성인이 된 후의 성격이 다른 사람은 또 얼마나 많은가. 마음이 보통 '나다'라고 하겠지만 그 마음이라는 게 도대체 무엇인가. 여전히 오리무중일 뿐이다. 알 길이 없다.

내가 나를 모르고 산다는 것이 말이 되는가. 이건 정말 황당하면서도 아주 몰상식적인 얘기다. 내가 나를 모르면서 안다고 생각하고 이미 알고 있다고 여기다 보니 더 이상 알려고 하지를 않게 된다. 고작해야 이름을 안다, 태생을 안다, 고향을 안다, 어느 학교를 나오고 직장은 어디고 누구와 결혼해서 어떤 자식을 낳았다는 것으로 안다고 하면 큰 오산이다. 내가 나를 훤히 안다고 생각하지만 그 안다는 것이 얼마나 어리석은 알음알이에 불과한지 가만히 '안다'라는 것에 대해 되짚어 보자.

우리가 안다고 생각하는 것은 스스로 그렇게 안다는 말이 아니다. 물론 살아온 경험을 통해 알 수도 있겠지만 그것은 아주 단편적이고 어떤 특정한 사건에 대한 반응의 단편을 알고 있는 것에 불과하다. 살다 보면 우리는 자신에게 놀라는 경우가 있다.

"나도 나에게 놀랐어." "그때는 나도 왜 그랬는지 모르겠어." "내가 어떻게 그런 생각을 할 수 있지?"

그건 다시 말해 나도 나에 대해 잘 모른다는 방증이다. 그러면 우리가 자신을 안다고 여기는 것은 도대체 무엇일까. 무엇을 보고 안다고 말하는 것일까?

그것은 나에 대한 남들의 평가를 조합하여 나라는 것을 만들어낸 것이다. 남들이 그렇다고 하니까 그런 줄 아는 것에 불과하다는 말이다. 남들이 '너 참 똑똑하다' 하고, 학교에서는 성적표를 주면서 많은 사람 가운데 몇 등이니 잘했다고 하니까 '난 똑똑한 사람'이라는 편견을 자신과 동일시하는 것이다.

사회에서 인정해 주면 스스로 인정받는 사람이 되는 거고, 사회에서 인정해 주지 않으면 인정받지 못하는 사람이라고 자학하곤 한다. 그렇게 남들의 시선에 의존해 내가 만들어진다. 스스로 내가 되는 것이 아니라 남들의 시선과 평가로 내가 만들어지는 것이다. 내가 누구인지를 나 스스로 알지 못하니까, 남들이 나에 대해 내린 평가를 수집하여 그것으로 나를 삼는 것이다. 얼마나 어리석은 일인가?

그런데 더욱 당황한 일이 하나 더 있다. 그렇게 나를 판단하고 결정지어 왔던 바로 그 '남'들도 여전히 자신을 모른다는 사실이다. 자신이 누구인지도 모르는 사람이 어떻게 다른 사람이 누구인지를 알려줄 수 있겠는가.

그러다 보니 이 세상에는 어떤 한 사람에 대해서도, 혹은 어떤 한 사건에 대해서도 수많은 평가가 엇갈린다. 저마다 온전하지 못한 자기 생각에 갇혀 상대를 평가하기 때문이다.

이렇듯 어리석은 사람들의 어리석은 판단과 견해에 휘둘려 나도 함께 더욱더 어리석어지는 일들이 이렇게 우리 삶 속에서 버젓이 일어나고 있다. 그래서 그런 어리석음에서 벗어나려면 우리 스스로 '나 자신'을 분명하게 알아야 한다. 나는 누구인가에 대한 해답을 스스로 내리지 않는 이상 언제까지고 남들의 판단과 견해에 휘둘려 웃고 울며 즐거움과 괴로움 속을 이리저리 왔다 갔다 해야 할 것이다.

그래서 우리 삶에서 가장 중요한 일은 나는 누구인가에 대한, '이 무엇이고?'에 대한 답을 찾는 일이다. 그게 바로 화두다. 이 화두를 풀지 못하는 이상 우리는 절대로 자유로워질 수 없고 주변 사람이며 경계에 휘둘려 자기중심을 세우지 못하게 될 것이다.

부처님이야말로 다른 사람의 말이나 평가에 아무런 영향도 받지 않고 휘둘리지 않는다. 남들이 아무리 부처님을 보고 잘했느니 잘못했느니, 깨달았느니 깨닫지 못했느니 하더라도 아무 상관 없다. 부처님은 스스로 누구인지 환하게 깨쳐 알고 있기 때문이다.

내가 누구인지 훤히 알고 있다면 더 이상 남들을 통해 나를 알아낼 것도 없고, 그런 남들의 어리석은 판단 분별에 놀아날 것도 없다. 남들의 평가나 비교에 휘둘리지 않으면 괴로움도 없다. 그렇듯 내가 누구인가에 대한 분명한 대답을 한 사람만이 비로소 대 평등의 고요함, 적멸寂滅을 얻게 되는 것이다. 그러니 '나는 누구인가'에 대한 해답을 내리는 것이야말로 일생일대의 가장 시급한 문제다.

그 답은 어디에서 오는가. 바로 내 안에서 나온다. 어떻게 나오는가? 우리 안을 향해 자꾸 묻고 또 물으면 해답은 찾을 수 있다. 큰 의심으로 묻고 또 물으라. 나는 누구인가?

오고 가는 것들 속, 오고 가지 않는 이것

   아침이면 휴대폰 알람이 울리고 잠시 후엔 회사 메신저 알림이 쏟아진다. 반가운 소식이 오기도 하고 불편한 일도 들려온다. 하루에도 수많은 사건과 감정이 찾아왔다가 이내 사라진다. 기쁨은 오래 머물 것 같아도 결국 옅어지고, 슬픔은 영원할 듯하지만 어느 순간 사라진다. 성공도 실패도, 돈도 명예도, 심지어 내가 '나'라고 부르는 이 존재조차 결국은 오고 가는 흐름 속에 있다.

   그렇다면 묻지 않을 수 없다. 이 모든 것이 오고 가는데, 오고 간다는 것을 아는 것은 무엇인가? 모든 것이 오고 갈지라도 이 아는 마음은 오고 가지 않고 늘 있지 않은가? 푸른 하늘 위로 온갖 구름이 오고 가지만 늘 하늘이라는 배경은 그대로이듯, 모든 오고 가는 것들 속에서 오고 가는 모든 것을 지켜보는 이 알아차림은 여여부동하다.

휴대폰 알림이 뜨는 것도, 마음이 흔들리는 것도, 다시 고요해지는 것도 모두 지켜보는 그것은 과연 무엇일까? 사람들은 그것을 순수의식이라 부르기도 하고, 본래면목이라 부르기도 한다. 이름은 다르지만, 중요한 것은 그것이 결코 오고 가지 않는다는 사실이다. 어떤 일이 일어나도 그것은 여여부동하게 자리를 지키고 있다. '이것'만이 늘 있는 진정한 나 자신이 아닐까?

선에서는 '이것'을 공적영지空寂靈知한 마음이라고 부른다. 공적해서 텅 비고 고요해서 있다고 할 수 없으면서 동시에 소소영령하게 아는 마음이란 뜻이다. '있다'라는 측면과 '없다'라는 측면을 아울러 드러낸 단어다. '이것', 진정한 자기의 본래면목은 이와 같아 볼 수도 없고, 만질 수도 없고, 대상도 아니며, 알 수도 없지만, 그렇다고 이것을 없다고 할 수도 없다. 우리의 이해와 분별로는 도저히 알 수가 없다. 알 수 있는 앎의 대상이 아니기 때문이다. 모든 것이 '이것'이기 때문이다. 불이법不二法, 둘이 아니기 때문이다.

눈이 눈을 알 수 없듯, 하나뿐일 때는 하나가 하나를 알 수 없다. 오직 '이것' 뿐이기 때문에 이것은 볼 수 없다. 다만 그러함을 깨달을 수 있을 뿐이다. 일체 삼라만상 모든 것이 '이것' 아님이 없음을 그저 문득 깨달을 뿐이다.

우리는 흔히 '나'와 '세계'를 분리한다. 내가 세상을 보고 내가 소리를 듣는다고 생각한다. 그러나 조금만 깊이 들여다보면 듣는 나 없이 소리만 있을 수 없고, 소리 없이 듣는 나도 있을 수 없다. 두 가지는 동시에 생겨나고 동시에 사라진다. 현대 사회에서 SNS의 '좋아요'에 집착하거나, 누군가의 말 한마디에 기분이 흔들리는 것도 같은 이치다. 실체 없는 것에 나를 묶어두었기에 괴로움이 생기는 것이다. 그러나 나와 세계가 서로 기대어 있을 뿐 따로 존재하지 않는다는 사실을 깨닫는다면 외부의 자극에 휘둘리지 않는 자유가 열린다. 보는 나와 보이는 대상이 둘이 아니라는 깨달음이 곧 모든 집착을 풀어낸다. 불이법이야말로 진정한 자유다.

생각해 보라. 눈앞에는 매 순간 다른 장면이 펼쳐진다. 때로는 파란 하늘, 때로는 회색 구름, 때로는 사랑하는 사람의 얼굴, 때로는 보기 싫은 풍경. 대상은 끊임없이 달라지지만, '보고 있다'라는 그 자각은 한 번도 변한 적이 없다. 눈이라는 감각기관을 말하는 것이 아니다. 우리는 흔히 눈이 본다고 여기겠지만, 눈을 뜨고 있어도 다른 생각에 사로잡혀 있을 때는 눈앞을 보지 못한다. 귀가 듣는다고 생각하지만, 사실 마음이 다른 곳에 가 있을 때 들리는 소리를 듣지 못하는 일도 많다. 귀가 듣는 것이라면 언제나 들어야 할 것이겠지만 귀가 듣는 것이 아니라 '이것'이 듣는 것이다. '이것'이 바로 살아있음의 원천이요, 우리의 살림살이다. 내가 살아있거나 내가 깨어 있는 것이 아니라, '이것' 하나가 성성하게 깨어 있을 뿐이다.

우리는 보자마자 즉시 해석하고 좋다, 나쁘다를 덧칠한다. 그래서 같은 상황이 어떤 날은 행복으로, 어떤 날은 괴로움으로 다가온다. 그러나 판단을 거두고 그저 보면 꽃은 꽃으로, 쓰레기는 쓰레기로, 하늘은 하늘로 있을 뿐이다. 해석이 사라질 때 대상은 더 이상 나를 괴롭히지 않는다. 정견正見이란 바로 이 단순한 진실을 보는 것이다. 꾸며 보지 않고, 해석하지 않고, 있는 그대로 비추는 것. 그것은 억지로 애써야 하는 일이 아니다. 거울이 저절로 사물을 비추듯 우리의 텅 빈 의식 또한 저절로 맑게 비추고 있다.

그 순간, 기쁨도 슬픔도, 성공도 실패도, 오고 가는 것들은 더 이상 우리를 속박하지 않는다. 남는 것은 단 하나, 오고 감에 흔들리지 않는 고요한 자각, 여여부동한 '이것'이다. 바로 이것이 나의 본래면목이요, 그 누구도 빼앗을 수 없는 진정한 자유이고 평화다.

아무것도 하지 않는 시간

시골 마을 작은 도량의 일과는 고요하고 평범하기 그지없다. 새벽에 일어나 예불을 모시고 좀 앉았다가 아침 공양을 하고, 산책도 하고, 차도 마시고, 텃밭도 가꾸고 여기저기 작은 법회를 열기도 한다. 그러더라도 아침에 일어나면 하루가 어떻게 지나갔나 싶을 만큼 어느새 저녁이다.

처음에 대중 생활에서 벗어나 독살이를 시작했을 때는 참 저녁 시간 보내기가 난감했다. 대중에서야 바쁜 일들이 많아 한가롭게 시간을 보내기가 그리 쉽지 않다 보니 얼마 안 되는 시간이라도 여가가 생기면 얼마나 꿀맛이었는지 모른다. 그러나 이렇게 혼자 살다 보니 처음에는 매우 게을러지기도 하고, 또 일과를 끝내고 조용한 방 안에 앉아 있자면 알 수 없는 적적함이 파도치듯 밀려오기도 했다. 처음에는 모처럼 맞은 외로움에 적응도 안 되고 나도 모르게 습관적으로 회피하고자 했던 게 아닌가 싶다. 그러면서 습관적으로 텔레비전과 컴퓨터를 켜게 되고 그러다 보니 나 자신과 마주할 수 있는 시간이 자꾸만 줄어들고 있음을 알아채게 되었다.

온종일 움직이고 있는 내 몸과 마음을 들여다보면서 잠시도 가만히 있지 못하고 끊임없이 무언가를 하는 나를 관찰하게 되었다. 그러다 보니 홀로 존재하는 가운데 느낄 수 있는 고요함과 평화, 자기중심 같은 것을 놓치고 있다는 생각이 들었다. 이처럼 우리는 모처럼 만에 혼자 있을 수 있는, 속뜰의 본래 향기를 지켜볼 수 있는 소중한 시간을 갖게 되더라도 습관처럼 그것을 거부해 버린다.

가만히 생각해 본다. 하루 중 '그냥 있을 수 있는 시간'이 얼마나 될까. 아니, 지금까지 살아오면서 무언가를 하는 시간 말고 그냥 있는 시간이 과연 있기는 했었는가 하고 되물어 본다. 그러고 보면 나도 늘 무언가를 하고 있었지, 잠시도 그냥 있지 못했다. 일하고 있거나, 텔레비전을 보고 있거나, 신문을 보고 있거나, 책을 읽고 있고, 공부하고 있고, 그것도 아니면 생각하고 있거나, 과거의 추억을 떠올리거나, 미래의 계획을 짜고 있거나, 심지어 없는 걱정이라도 만들어야지 아무것도 하지 않으면 못 견딜 만큼 우리의 정신은 혼란과 번뇌에 익숙하다. 당신의 삶을 가만 살펴보라. 이렇듯 끊임없이 무언가를 하고 있었지 그냥 있었던 적이 얼마 없었다는 것을 알아차리게 된다.

무언가를 한다는 것은 욕망과 바람이 있다는 것이고, 무언가를 도모하고자 하는 바람이 있을 때 우리는 거기에 얽매이게 되며 참된 휴식을 취할 수 없다. 무원無願! 아무런 바람이나 욕망도 소유하지 않고 다 비워버렸을 때, 그때 우린 비로소 참된 휴식을 얻을 수 있다. 그때 비로소 조용하고 평안한 마음의 평화를 느껴볼 수 있는 것이다.

모든 욕망과 바람을 버리고 그냥 있어 보라. 아무것도 하지 말고 그저 지금 이대로 다만 존재해 보라. 무엇을 하면서 있는 것이라거나, 무엇을 위해 있는 것이라거나, 왜 있다거나, 어떻게 있다거나, 어느 자리에 어느 때에 있다거나 그런 것 말고 그저 아무 이유 없이 그냥 있을 수 있다. 우린 모두 지금 이 자리에 그냥 이렇게 있지 않은가. 그냥 그거면 충분한 것이다. 이유를 붙이지도 말고 잡다한 것은 다 놓아버리고 그냥 그렇게 있기만 하라. 무엇을 하면서 있지 말고 무엇을 꿈꾸지도 말라.

아무것도 안 하는 것이 뒤떨어지는 것 같다거나 좀이 쑤셔서 못 견딜 것 같은 것은 우리가 그동안 그냥 있지 못하고 늘 무언가를 하고 있었기 때문이다. 모처럼 고요히 내면을 비출 수 있는 혼자만의 시간을 갖게 되더라도 우린 그 소중한 순간을 온전히 가꾸지 못하고 습習에 이끌려 늘 무언가를 도모해 왔다. 조그만 노력이나 의도가 있어도 그것은 가만히 있는 것이 아니다. 참으로 쉬는 것이 아니다. 아무런 기대도 하지 말고, 그 어떤 바람도 잠시 덮어두고, 성공과 승진은 물론 참선이니 명상이니 깨달음이니 하는 것도 잠시 비워두고, 그저 순수하게 존재하는 시간을 가져 보자. 마음에 일없이 그냥 있어 보자. 우리의 속뜰이 더 잘 보이고, 더 깊은 휴식을 취할 수 있을 것이다.

사실 평화로움과 고요한 침묵을 누릴 수 있는 감각은 이미 누구에게나 주어졌다. 별도로 애써서 찾아야 하는 것이 아니다. 그 평온의 감각을, 속뜰의 본래 향기를 되찾을 수 있어야 한다. 그러려면 그냥 있어야 한다. 무엇을 자꾸 하려 하지 말고, 무엇이 되려고 애쓰지 말고, 찾아 나서지 말고 지금 여기에 그냥 있으면 된다. 가만히 비추어 보고 그저 느끼면 된다. 그렇게 아무것도 도모하지 않고 그냥 존재했을 때, 지금 그 자리가 다 된 자리이고 다 이룬 자리이다. 이미 다 되어 있는 사람이기 때문에 자성불이라 하는 것이고 신성이라 하는 것이다. 깨달음이란 애쓰고 노력해서 얻는 것이 아니다. 이미 구족되어 있는 것이다. 다만 우리가 보지 못하는 것일 뿐, 그러나 보지 않는다고 법우法雨가 그치는 것은 아니다.

그러므로 수행이란 것도, 명상이란 것도 별도의 노력을 통해 깨달음이나 내적인 평화를 얻어내는 일에 있지 않다. 애쓰고 노력하는 일은 마음을 번거롭게 하고 현재의 나와 깨달음 이후의 나를 둘로 나눌 뿐이다. 그 어떤 노력도 수고도 던져 버렸을 때, 말 그대로 그냥 존재하기만 할 때, 그 어디로도 가지 않고 지금 이 자리에 멈춰 서있을 때, 바로 그 순간이 명상이요 수행이다.

명상이란 우리 삶에서 가장 단순한 것이며 명료한 것이

다. 삶에서 번거로움과 노력과 집착들을 다 던져 버리고 다만 존재하기만 할 때 삶은 더욱더 깊어지고 온전해진다. 그 동안 우리는 오히려 수고스럽고 고통스러운 노력을 통해 얻어지는 그 무언가를 통해서만 만족을 느꼈고 그러한 성취감만이 우리에게 무언가를 해줄 것으로 생각했다. 그러나 참된 존재의 풍요는 성취와 노력과 애씀을 통해 얻어지는 것이 아니라 그 모든 유위有爲의 노력을 다 놓아버리고 비워버려 아무 일 없는 순간, 그냥 있는 순간 찾아오는 것이다. 우리의 욕망과 집착, 노력과 수고가 본래 우리 안에 구족되어 있는 밝은 불성이며 영성을 보지 못하게 만들고 있다. 하고자 하고, 되고자 하는 욕망 때문에 지금 이 자리에서 만족하지 못하고 자꾸만 찾아 나서는 것이다.

우리들의 가장 큰 문제는 지금 이대로 완성된 존재라는, 지금 이대로도 충분하고 꽉 차 있다는 그 사실을 믿지 않으려는 데 있다. 그러다 보니 자꾸 무언가를 찾아 나서는 것이다. 무언가를 얻어야 하고 무언가가 되어야만 행복할 거라고 믿는 것이다. 사실은 그 마음이 모든 괴로움의 주된 원인이다. 어떻게 하면 잘할까를 생각지 말고, 어떻게 하면 아무

것도 하지 않을 수 있을까를 생각하라.

꼭 해야 할 것이라도 함이 없이 할 수 있어야 한다. 한 치라도 머무름이 있어서는 안 된다. 즉 일하더라도 그 일에 집착이 없이 할 수 있어야 한다는 말이다. 집착 없는 행동은 그림자를 남기지 않으며 미련을 남기지 않는다. 그저 그 순간 행함으로써 모든 것이 끝난다. 티끌을 남기지 않는다. 그래서 집착 없는 행은 과거를 남기지 않고 오직 현재의 순간만을 깨어 있는 정신으로 살 수 있게 해준다. 매 순간 온전한 휴식을 가져다준다. 일하면서도 함이 없이 하면 그것은 휴식의 순간이 된다.

그래서 함이 없음을 행하는 일이 가장 중요한 수행자의 일 없는 일이라고 하는 것이다. 일을 잘하는 것보다 본래 일 없는 것이 더 근원적이다. 무위無爲로 행하라는 말이다. 지금 이대로도 충분하다. 하려고 하는 마음, 되려고 하는 마음만 놓고 그냥 푹 쉬면 되는 것이다. 잘 쉬는 일이 가장 잘하는 일이다. 그저 다 놓아버리고 푹 쉬기만 하라.

우리 지친 영혼에 맑은 휴식을 주자.

호흡이 고요하면 삶이 평화롭다

　숲의 생명을 스친 차고 맑은 바람을 통해 봄소식을 전해 듣는다. 코끝에서 오가는 숨이 한결 부드럽고 따뜻해졌다. 이런 날 숲길을 거닐며 호흡을 바라보는 일은 그 어떤 종교적인 의식보다도 더 신성하게 느껴진다. 내 나이만큼의 세월 동안 숨을 쉬며 살았지만 이렇게 숨을 깊이 쉬어 보는 일은 근래 들어서이다.
　보통 우리는 몸이라는 것이 따로 있고 내 몸 밖의 대상이 따로 있다고 생각하고 있지만 실상은 몸도 외부의 대상도 그저 텅 비어 있다. 안팎의 분별이라는 게 공허한 것이다. 이 법계에서 본다면 안이라는 것도 밖이라는 것도 존재하지 않는다. 다만 호흡할 때 코를 통해 바람이 움직일 뿐이다. 그저 저쪽 산에서부터 바람이 불어와 우리 뺨을 스치고 다시 다른 쪽으로 불어가듯, 우리 몸 또한 코를 통해 그저 바람이 인연 따라 불어오고 불어갈 뿐이다. 그러나 그 단순한 호흡의 오고 감이 얼마나 우리 삶에 큰 영향을 주고 있는지는 별로 생각하지 못한다. 호흡이 끊어지면 우리 목숨도 없어지는 것 아닌가.

그래서 호흡관呼吸觀이 중요한 것이다. 호흡지간呼吸之間에 생사가 달려 있으며, 나아가 그 속에서 해탈에 이르는 빛을 발견할 수 있다. 호흡은 오직 '지금 이 순간'의 일이며, 깨달음도 오직 지금 이 순간에 집중함으로 발견되기 때문이다. 일체를 다 놓아버렸을 때, 오직 지금 이 순간에는 들고 내는 숨만이 적요한 침묵으로 피어오른다. 바로 그 숨을 놓치지 말고 관찰해야 한다.

우리 몸과 마음의 모든 현상은 모두 호흡과 직결되어 있다. 몸과 마음에 그 어떤 변화가 있을 때 가장 먼저 호흡 박동 수가 달라진다. 화가 날 때, 사랑하는 사람 앞에서 두근거릴 때, 술을 많이 먹어 흥분될 때, 몸에 해로운 음식을 먹었을 때, 많은 군중 앞에서 발표할 때, 혹은 마음속에서 어떤 과거의 괴로운 기억을 떠올릴 때 등 일상적인 평상심에서 벗어날 때 가장 먼저 호흡의 맥박 수가 빨라진다. 몸이든 마음이든 어느 한쪽에서 여여함을 잃었을 때 곧장 호흡에서 변화를 감지하게 된다. 그러나 다시금 평정심을 되찾고 나면 곧장 호흡이 가지런해진다. 명상이나 수행 중에는 일상적일 때에 비해 호흡이 가지런하고 길어진다.

이처럼 호흡이란 우리 몸과 마음에 아주 중요한 신호를 보내주는 기능을 한다. 호흡이 곧 우리 삶과 생명과 직결되어 있다는 증거다. 호흡이 가지런하고 고요하면 우리 삶도 고요해지지만, 호흡이 거칠면 우리 삶의 풍파도 거칠어질 수밖에 없는 것이다. 그래서 우리 삶을 평화롭고 고요하게 만들려면 호흡을 잘 다스리면 된다. 우리 삶을 온전히 살아가게 하는 방법이 바로 이 호흡에 있는 것이다.

그러면 어떻게 호흡을 잘 다스리고 조절할 수 있는가. 그것이 바로 앞서 말했던 호흡관이다. 사실 호흡은 다스리는 것도 아니고 조절하는 것도 아니다. 호흡은 무위로써 저절로 자연스럽게 들어오고 나간다. 생각하고 분별하느라 평소에는 호흡을 관찰하지 못하지만, 분별 망상만 쉬워지면 저절로 들어오고 나가는 호흡이 환히 알아차려진다. 무위의 자연 상태에서 저절로 알아차려지는 것이 바로 호흡이다. 이것이 바로 호흡관이라는 명상을 함이 없이 하는 이유다. 들어오고 나가는 숨을 있는 그대로 관찰하는 것, 그것이 바로 호흡을 다스리는 방법이요, 나아가 삶을 온전한 정신 안에 곧추세우는 방법이다. 호흡을 관찰하면 저절로 빨라지던 호흡이 가지런해지고, 분별 망상은 쉬어지며, 이내 마음은 평온을 되찾게 된다. 바깥으로 쏘다니던 생각과 망상들이 호흡관을 통해 힘을 잃는다.

  화가 났을 때 일반적으로 사람들은 그 화에 정신을 빼앗겨 호흡이 가빠지는 줄도 모르고 화나는 대로 폭력도 쓰고 욕설도 내뱉으며 흥분하면서 그것에 휘둘리고 만다. 아무리 화나는 마음을 다스리려 해도 크게 흥분된 마음을 가라앉히기는 쉽지 않다. 그러니 화를 다스리려 애쓰지 말고 다만 호흡을 지켜보기만 해 보라. 당장에 일어나는 화를 어떻게 다스릴 수 있단 말인가. 그것이 어려우니 화를 문제 삼지 말고 화와 함께 빨라지는 호흡을 챙기라는 말이다. 화가 나면 호흡이 가빠지고 화가 가라앉으면 호흡도 평온해진다. 그러니 호흡이 가빠질 때 호흡을 잘 관찰함으로 몸도 마음도 이내 본래의 평온을 되찾을 수 있다.

한번은 우리 절에 다니던 초등학생 어린이가 찾아와 피아노 콩쿠르에서 2등을 했다며 스님 덕이라 했다. 얘기를 들어보니 처음 군내 피아노 콩쿠르에 나갔을 때는 너무 떨려서 제 실력을 발휘하지 못했는데 이번에 도에서 열린 콩쿠르에 나갔을 때는 절에서 배운 대로 호흡에 숫자를 붙이면서 한동안 호흡관을 하고 나갔더니 마음이 편해져 실력 발휘를 잘할 수 있었다고 자랑했다.

코 호흡에 관해 얘기했는데, 이처럼 대지의 바람이 코라는 문을 통해 들고 나듯, 우리 몸의 여섯 기관 즉 눈 귀 코 혀 몸 뜻 또한 다만 나와 내 외부의 대상을 이어주는 문으로써 중요한 역할을 한다. 그러나 그 문은 안과 밖이 따로 없는 그저 인연 따라 열리고 닫기는 공한 문이다. 우리가 알고 있는 '나'라는 실체가 이러한 것이다. 실제로 내가 있고, 상대가 있는 것이 아니라 다만 안이비설신의眼耳鼻舌身意 여섯 기관[六根]을 통해 색성향미촉법色聲香味觸法의 여섯 대상[六境]이 실체 없이 인연 따라 오고갈 뿐이다. 참고로 육근이란 우리 몸의 여섯 가지 감각기관인 눈 귀 코 혀 몸 뜻을 말하고, 육경이란 육근의 대상인 색과 소리, 향기, 맛, 촉감, 법을 말한다. 그러니 육근을 '나'라고 고집할 것도, 육경을 '상대'라고 나눌 것도 없다. 우리 몸도 공하고 바깥 대상도 다 공할 뿐이다. 그러면 남는 것은 무엇인가. 아무것도 없다. 그저 텅 비어 있다. 그래서 우리는 이 여섯 가지 여닫이문을 잘 관하고 그 기관으로 들락날락하는 것들을 잘 관해야 한다. 그래서 들락날락하는 것들에 속지 않을 수 있고, 실체감을 부여하지 않을 수 있다.

코로 들고 내는 호흡을 잘 관해야 하는 것처럼 눈이 무엇을 보고 있는지, 귀가 무슨 소리를 듣고 있는지, 혀가 무엇을 맛보고 있는지, 몸이 무슨 촉감을 느끼고 있는지, 생각이 무엇을 찾아 헤매는지를 늘 잘 관찰할 수 있어야 한다. 잘 관찰하면 눈 귀 코 혀 몸 뜻이 바라보는 대상에 속지 않을 수 있다. 이를테면 귀로 칭찬이나 비난의 소리를 듣고도 잘 관하게 되면 칭찬과 비난에 휘둘리지 않을 수 있는 자기중심이 서지만, 그 소리를 관하지 못하면 칭찬에 쉬 들뜨고 비난에 쉬 가라앉는 나약한 정신으로 전락할 뿐이다.

성을 지키는 수문장이 졸고 있으면 성안에 있는 온갖 금은보화를 누가 훔쳐 가는지 어찌 알겠는가. 여섯 가지 우리 몸의 기관을 잘 관하지 않고 놓치고 산다는 것은 이처럼 어리석은 일이다. 이 여섯 가지 기관을 졸지 말고 잘 지켜볼 수 있어야 한다. 육신의 기관도 실체가 없고, 대상도 실체가 없으며, 오고 가는 것 또한 실체가 없다. 다만 변화할 뿐이다. 인연 따라 다만 변화해 갈 뿐이다. 바로 그 움직임, 변화를 놓치지 말고 알아차려야 한다. 그랬을 때 비로소 나와 세계 사이에서 벌어지는 존재감과 분별에 속지 않을 수 있고, 나아가 안팎이 따로 없는 온 우주 법계의 본래 성품을 볼 수 있다.

알아차릴 때 우리 몸은 깨어난다. 우리 몸과 마음은 가장 이상적인 기운으로 넘친다. 성안의 모든 것들은 공하고, 성 밖의 모든 것들도 공하며, 성문으로 들고 나는 모든 것들 또한 공하고, 성문이라는 자체 또한 다 공했다는 것을 깨닫게 된다. 안팎의 차별이 없기에 내가 곧 우주가 된다. 여섯 문을 잘 지켜라.

남처럼 되려고 애쓰지 말라

안면과 전신에 화상을 입고도 아름답게 살고 있는, 《지선아 사랑해》의 저자이자 현재 이화여자대학교 교수 이지선 씨의 말이 지금도 가슴에 와닿는다.

"저는 지금 이 모습이라도 행복하고 기쁩니다. 지금 이 모습의 저도 지선이고 예전의 지선이도 저이니까요."

이는 비단 지선 씨만의 얘기가 아니라 우리 모두에게 해당하는 말이다. 아무리 마음에 안 들더라도, 아무리 못났더라도, 지금 이대로의 모습, 이것이 '나'인 것이지 다르게 변한 이후의 모습이 '나'가 아니다. 내가 원하는 대로 완벽하게 바뀌고 싶다는 것은 '내 생각'일 뿐이다. 그러나 현실은 어떤가? 지금 이대로 이렇다. 삶은 '생각'대로 되는 것이 아니라 인연 따라 '현실'대로 되는 곳이다. 진리는 '생각'에 있지 않고

'현실'에 있다. 불교에서는 생각, 판단, 분별만 내려놓으면 본래부터 완전했던 진실이 드러난다고 설한다. '생각'이 진실이 아니라 삶이라는 '현실'이 진실이란 뜻이다. 현실이 곧 진실이다. 현실이라는 진실이 나를 바로 지금 이 모습대로 만들어 준 것이다. 완벽하게 오차도 없이, 연기법은 이렇게 나로서 피어난다.

그러니 지금 이대로의 모습이 정확한 나의 모습이지 또 다른 모습에서 나를 찾을 필요는 없다. 그러려면 이대로의 나를 인정할 수 있어야 한다. 공부 못하는 나, 운동 못하는 나, 능력 없는 나, 얼굴이 못생긴 나 등 마음에 안 드는 나라고 생각하고 그 생각에 갇힐 필요는 없다. 늘 '못 한다' '안 된다' 하고 살아 봐야 그것도 나의 모습일 뿐, 지금 이 모습 그대로가 정확히 내 모습이 맞다. 지금의 이 상황 그대로가 나에게 주어진 정확한 내 삶의 모습이다. 그러니 자꾸만 더 좋은 것, 더 잘난 것, 더 많은 것 바랄 것 없이 지금 이 모습 그대로에 스스로 만족하며 지금 이대로의 나를 사랑할 수 있어야 한다.

자연의 이치를 보라. 자연에서야 어디 더 좋고 나쁜 것이 있는가. 소나무가 더 좋고 참나무가 더 나쁘다거나, 바다는 좋고 산은 나쁘다거나, 겨울은 좋고 여름은 나쁘다거나 하는 분별이 없다. 소나무가 참나무처럼 넓은 잎을 피우려고 애쓴다거나, 바다가 산처럼 되려고 애쓴다거나, 겨울이 여름처럼 따뜻해지려고 한다면 그건 자연의 조화를 깨는 일이고 본연의 모습을 잃어버리는 것일 뿐이다. 어떤 것이 좋고 나쁘다고 나누는 것은 사람의 머리에서, 생각에서, 분별에서 나온 것일 뿐이지, 본래는 모든 것이 저마다의 모습으로 완전하다. 산은 산대로 물은 물대로, 작은 풀꽃은 풀꽃대로, 나무는 나무대로 있을 때만이 온 우주의 조화로움은 활짝 피어날 수 있다. 이처럼 자연의 모든 것들은 저마다 그 자리에서 자기 모습으로 독자적으로 피어남으로써 우주의 조화를 이루고 있다.

이처럼 사람도 자기 자리에서 자기답게 살아갈 때 진리를 꽃피워낼 수 있다. 사람도 자연이며 우주의 조화로운 운행의 한 축이기 때문이다. 모든 사람이 저마다 자기다운 모습으로 피어날 때 비로소 우주와 나 사이에 긴밀하고 조화로운 진리의 교류가 이루어질 수 있다. 모든 사람은 자기 안에 전 우주적인 진리의 소식을 담고 있다. 아니, 내가 바로 진리 그 자체다. 모든 것은 진리의 현현이다. '나'라는 이 몸과 마음은 바로 그 본연의 진리가 나로 활짝 피어난 모습이다. 그렇듯 진리는 우리 각자의 모습으로 피어난다. 그 본질은 하나일지라도 피어나는 모습은 다 제각각이다.

그렇기에 법계에서 보았을 때 우리 모두의 소명은 자신으로서 피어나는 그 진리의 성품을 고스란히 이 세상에 꽃피우는 일이다. 그런데도 '나 자신'을 버리고 '다른 누구처럼' 살려고 하고, 지금의 나를 버리고 미래의 또 다른 나를 꿈꾸고 있으니 이 얼마나 어리석은 일인가. 나 자신을 버리고 다른 사람처럼 되려고 하는 것은 겨울이 여름처럼 되고자 하는 것과 무엇이 다른가. 야생화가 나무가 되겠다는 것과, 바다가 산이 되겠다는 것과 무엇이 다른가.

삶의 목적을 '누구처럼 되는 것'에 두지 말고 그저 단순히 있는 그대로의 '나 자신'으로 살아보라. 그것은 늘 완성형이다. 무엇을 더 할 것이 없다. 지금 이대로의 나를 꽃피우기만 하면 된다. 있는 이대로에 만족하고 사랑하며 자기답게 살면 된다. 그것은 다 되어 있다!

다른 누구처럼 되고자 할 때, 이미 지금의 나는 부족한 상태, 불만의 상태로 전락하고 만다. 그러나 나 자신으로 살고자 하면 이미 지금 이 순간 완전히 이루어져 있다. 나는 지금 이렇게 이미 나 아닌가. 나로 살 때, 나로 살기를 인정할 때, 그때 진정으로 나 자신을 사랑하게 된다. 더 이상 불안은 없고 이대로 안정된다. 난생처음 비로소 안심하게 된다. 그럴 때 무언가가 되고 하고 갖기를 바라느라 낭비되는 에너지는 사라지고 지금 여기에서 할 수 있는 것에 최선을 다하게 된다. 아무 문제가 없다.

지금의 나에 만족하면 더 이상 발전할 수 없다고 여기는 사람이 많다. 전혀 그렇지 않다. 쓸데없이 낭비되는 에너지가 없기에 온전히 필요한 곳에 에너지를 몰아서 몰입, 전념할 수 있다. 순수한 열정이 더없이 강력해진다. 집착 없이 나오는 행동이야말로 가장 강하다. 그때는 '나'의 힘만 쓰는 것이 아니라 내 욕망이 없기에, 삶 그 자체에서 오는 무한 가능성의 힘을 가져다 쓰게 된다. 내가 사는 것이 아니라 진리가 살게 되는 것과 같다. 본래 나라는 생각, 즉 아상만 없으면 우리는 본래 진리 그 자체이기 때문이다.

자기 자신의 모든 부분을 있는 그대로 인정해 주고 받아들여 보라. 어느 하나 바꾸지 않고서 내일 더 나아질 것을 기약하지도 말고, 누구누구처럼 변하고 난 뒤를 상상할 것도 없이 오직 지금 이 순간 이대로의 모습 자체로 있을 때, 진정한 충만과 평온이 깃든다. 추구심은 끝나고, 갈증은 사라진다. 삶은 비로소 조화를 찾고, 진정으로 삶을 사랑하게 된다. '지금 이 순간'이 우리가 그렇게 찾던 '바로 그 순간'이다.

있는 그대로를 있는 그대로 보라

'불교'라는 종교에 관한 질문 중 가장 많은 것 중의 하나가 '불교는 왜 이렇게 복잡하고 어려운가'이다. 불교는 너무 어렵고 복잡하고 방대하므로 공부하기가 쉽지 않다는 편견들은 예나 지금이나 변함없다. 경전만 해도 여타의 다른 종교와는 비교할 수 없을 만큼 많고, 선사 어록이나 논서를 포함한다면 그야말로 평생토록 공부해도 다 하기 어렵다는 말이 결코 과장처럼 들리지 않는다.

과연 불교가 어렵고 복잡한 것인가. 결론부터 말한다면 '불교가 복잡한 게 아니고 사람이 복잡한 것'이라고 해야 옳다. 불교가 어려운 것이 아니라 사람들이 너무 복잡하고 어렵게 사는 것이 문제다. 사람이 하도 다양하고 복잡하게 사니 가르침도 그에 따라 복잡하고 방대해지게 된 것이다. 중생들의 망상 분별이 팔만 가지가 넘으니 어쩔 수 없이 그 팔만 가지의 분별에 대해 하나하나 깨뜨려주는 법문을 설하다 보니 팔만대장경이 만들어진 것일 뿐이다.

사실은 아주 쉽고 간단한 것이 불교다. 어쩌면 너무 쉬워서 어려운 것이다. 너무 쉬운 것을 쉽게 말해주니까 그동안 복잡하고 어렵게만 살던 사람들이 그 쉬운 것을 받아들이지 못하는 것이다. 복잡하게 분별하던 것만 하지 않으면 본래는 텅 비고 단순하다. 이것은 어렵다 쉽다 할 만한 어떤 대상이 아니다.

불법 수행의 요체는 '있는 그대로를 있는 그대로 보는 것'이다. 《반야심경》의 조견照見이나 '팔정도'의 정견正見, 《금강경》의 즉견卽見이 다 그것을 말하고 있다. 있는 그대로를 있는 그대로 봐야 하는데, 우리는 분별하느라 왜곡해서 보고, 색안경을 쓰고 비뚤어지게 보고, 걸러서 보니 문제가 되는 것이다.

있는 그대로를 있는 그대로 본다는 것이 얼마나 쉽고 단순한 것인가. 불법이란 그렇게 쉽고 단순하며 맑고 순수한 것이다. 얼마나 쉽고 단순한 것이면 '있는 그대로를 있는 그대로 본' 그 실체의 모습도 '공'으로 표현된다. 불교만큼 단순한 쉬운 가르침은 없다.

그동안 우리는 있는 그대로를 너무 많이 왜곡해서 보았고 어렵고 복잡하게 세상을 봐왔다. 그러다 보니 부처님께서 그냥 '있는 그대로를 있는 그대로 봐라' 한마디 쉽게 말하면 끝날 일을 자비심을 내셔서 중생들의 그 복잡하고 잡다한 근기에 다 응해 주시려고 이렇게도 설법해 주시고, 저렇게도 설법해 주시고, 이 방편 저 방편 써 가면서 복잡한 우리 중생의 헛된 망상을 다 깨뜨려주다 보니 불교가 복잡해진 듯 보이게 되었을 뿐이다. 그러니 그것은 부처님 탓이 아니라 우리 탓이고, 불교 탓이 아니라 사람들 탓이다.

단순하고 쉬운 공부를 너무 어렵게 하려 하지 말고 가장 단순하고 쉽게 하면 된다. 그래서 불법 공부는 오히려 단순한 사람이 더 잘한다는 말이 있다.

지금 머릿속에 들어 있는 불교에 대한 편견, 세상에 대한 편견 그 무거운 시비분별들을 다 놓아버리고 비워버리기만 하면 된다. 이것은 하는 것이 아니라 그저 하지 않는 것이다. 할 것은 아무것도 없다. 그렇게 다 놓아버리고 바라보면 '있는 그대로' 볼 수 있다. 아니, 본래 모든 것은 본래부터 있는 그대로 있다. 분별의 색안경 때문에 삿되게 잘못 보았을 뿐이다. 그 색안경만 걷어 내면 모든 것은 있는 그대로 드러난다. 너무 많이 들어 있는, 복잡하고 정신없는 알음알이 시비 분별들을 다 놓아버리고 그냥 내 마음이 텅 비어 가장 순수해질 때 일체가 다 통하는 것이다.

모든 만남엔 우주의 메시지가 있다

　사람과의 만남도, 일과의 만남도, 소유물과의 만남도, 깨달음과의 만남도, 유형무형의 일체 모든 만남은 모두 때가 있는 법이다. 정확한 법계의 이치에 따라 꼭 만나야 할 바로 그때가 있는 법. 아무리 만나고 싶어도 시절인연이 무르익지 않으면 지천에 두고도 못 만날 수 있고, 아무리 만나기 싫다고 발버둥을 쳐도 시절을 만나면 기어코 만날 수밖에 없다. 모든 마주침은 다 제 인연의 때가 있는 법이다. 그 인연의 흐름을 거스르려 아무리 애를 써도 그것은 인간의 힘으로 어쩔 수 없는 우주적인 질서다. 만날 사람은 꼭 다시 만나게 된다. 다만 아직 인연이 성숙하지 않았을 뿐. 만나야 할 일도 만나야 할 깨달음도 인연이 성숙하면 만나게 된다.
　열심히 공부하고 분명 능력은 다 갖추고 있는데 아직 직장을 구하지 못했다고? 무엇 하나 그리 부족한 것도 없는데 제 짝을 찾지 못했다고? 열심히 참선하고 정진했는데 깨달음은 찾아올 생각을 안 한다고? 아직 시절인연을 만나지 못한 탓이지 이루어지지 않은 것이 아니다.

계단을 오르는 사람이 거의 다 올라왔는지, 중간만큼도 못 올라왔는지, 아직 시작도 못 했는지 상대편에서는 볼 수 없지만 분명 그 사람은 꾸준히 계단을 오르고 있고, 언젠가는 계단 위의 사람들에게 불쑥 얼굴을 보일 때가 있을 것이다. 이렇듯 시절인연은 겉으로 보이지 않더라도 안으로 전체적인 질서에 의해 여무는 것이다.

아무리 만나고 싶고 만나길 원해도 인연이 성숙하지 않았다면, 지금은 만나지 않는 것이 적절한 인연이다. '내 생각'은 만나고 싶겠지만, 진리의 생각은 만나지 못함을 현실로 펼쳐냈다. '내 생각'을 믿지 말고 '진리의 뜻'을 따르면 아무 문제가 없다. 언제나 생각을 따를 때 문제가 생긴다. 너무나 꼭 만나고 싶다면, 그저 안으로 인연의 씨앗이 잘 싹 틀 수 있도록 마음을 내며, 먼 훗날 만나게 될 때 떳떳한 모습으로 만날 수 있도록 지금은 자신을 잘 가꾸어야 할 때다.

그런데도 만나고 싶다면 어떨까? 바로 그 생각이 망상임을 깨달아야 한다. 내가 그와 만나야 하는지 만나면 안 되는지를 어떻게 알 수 있겠는가? 우리는 안다고 여긴다. 그러나 알 수 있는 것은 없다. 그것은 그저 허망한 내 생각이며 분별이었을 뿐이다. 그 붙잡는 마음, 그것이 나를 괴롭혔을 뿐이다. 이 세상 80억 인구 가운데 어느 특정한 한 사람을 반드시 만나야 하는 어떤 정해진 원리가 있을 리 만무하지 않은가? 그것은 그저 내가 붙잡은 생각일 뿐임을 깨달아야 한다. 바로 보면 저절로 내려놓아진다.

쓸데없이 대상이나 사람에 의미를 부여할 이유는 없다. 이 세상 모든 존재는 그저 저 텅 빈 자성의 바다 위에서 인연 따라 파도가 치듯 인연 따라 생겼다가 사라질 뿐이다. 인연 따라 생기고 사라지는 모든 것은 전부 바다로써 성품이 같다. 파도의 모양은 다르지만 근원은 모두가 평등한 바다인 것처럼, 인연 따라 생겨난 모든 존재는 모양에 따라 다른 가치나 의미를 부여받는 것은 아니다. 그 의미와 가치는 사람이 판단분별로 만들어내는 망상일 뿐이다. 그러니 귀한 사람과 천한 사람이라는 내 생각을 믿지 않으면 만나는 모든 이가 그대로 만나야 할 진리의 인연이다. 만나는 모든 이들은 전부 진리가 드러난 것이다. 모든 파도가 그대로 바다이듯, 모든 존재의 근원은 전부 평등하고 귀한 불성, 신성의 존재다.

이러함을 깨닫는다면 왜 어떤 특정한 사람만 붙잡으려 하거나, 특정한 상황만 원하거나, 특별한 것에 의미와 가치를 부여하고 사로잡히겠는가? 그럴 이유가 없다. 인연 따라 현실로 드러난 모든 것이 있는 그대로 진리의 나타남이다. 모든 것이 평등하게 전부 귀하고 성스럽다. 분별하는 마음만 없으면 모든 것은 신성의 드러남이다.

모든 만남은 내 안의 나와의 마주침이다. 진리와의 만남이며 진정한 나를 만나는 길이다. 아무리 싫어하는 사람도 그 사람과의 만남은 내 안의 바로 그 싫은 부분을 만나는 것이며, 아무리 이기적인 사람을 만나도 내 안의 이기의 일부분이 상대에게 투사되는 것일 뿐이다. 그렇기에 내가 만나는 모든 인연은 어느 하나 소중하지 않은 것이 없다. 그것은 내 안의 놓치고 있던 나를 만나는 숭고한 '나를 깨닫는 일'이기 때문이다.

우리는 매일 새로운 사람과 만나지만 그 만남을 아무 일도 아닌 양 그저 쉽게 소홀히 흘려보내는 경우 많다. 그러나 우리가 만나는 그 모든 사람은, 설사 그것이 아주 잠깐 스치는 것일지라도, 저마다의 인연이 있어서 온다. 그 인연의 의미를 우리는 다 알 수 없다. 알려고 해 봐야 그 안 것은 알음알이요, 분별일 뿐이어서 허망하다. 그러니 모를 뿐임을 인정해야 한다. 그러니 삶을 통째로 받아들일 수밖에. 이처럼 '모름'이라는 지혜, 무분별지無分別智는 우리에게 삶을 통째로 허용하며 있는 그대로 사랑하고 바라보는 안목을 밝혀준다.

모든 만남은 우리에게 삶의 성숙과 깨달음을 가져온다. 진정한 나를 찾는 깨달음의 과정이기도 하다. 만나는 모두가 또 다른 나요, 바다이기 때문이다. 그들 속에서 겉모습, 파도만 보지 말고, 그를 있는 그대로 보게 된다면, 그 겉모습이란 파도가 그대로 바다임을 문득 확인하게 될 것이다.

그래서 불가에서는 '만나는 모든 사람이 부처요, 관세음보살'이라고 했다. 좋은 사람이든, 싫은 사람이든, 적이든, 내 편이든, 이익을 주는 사람이든, 손해를 끼치는 사람이든, 그 모든 사람이 내게 진리의 메시지를 전해 주기 위해 이 법계에서 보낸 부처요, 관세음의 화신이다. 누구를 만나느냐와는 상관없이 모든 만남은 곧 진리의 드러남이며, 진정한 나를 만나는 일이다.

결코 만남을 소홀히 여기지 말라. 그 어떤 만남도 내게 소중한 깨달음을 전하고 있다. 이를테면 첫 만남에서부터 나를 미워하는 사람이 있다면 그 사람은 나를 강하게 만들기 위한, 내 과거의 탁한 업장을 소멸시켜 주기 위한, 또 내 안의 미움을 생생하게 비춰주기 위한 법계의 배려로 내 앞에 나타난 인연일 수 있다.

모든 종류의 만남은 다 좋은 것이다. 좋고 싫은 것 가운데 좋은 쪽을 택하는 그런 상대적인 좋음이 아닌, 좋고 싫음이 없는 전적인 좋은 그런 것이다. 당장에는 나쁜 만남인 것 같아도 전체적인 관점, 연기적인 관점에서 본다면 좋은 만남뿐이다. 그러니 그 사실을 올바로 볼 수 있는 사람은 모든 만남을 맑고 향기롭게 이어갈 수 있을 것이다. 그래서 내 내면이 성숙하면 만남도 성숙하지만, 내면이 미숙하면 만남도 미숙할 수밖에 없다. 성숙한 사람에게 모든 종류의 만남은 곧 부처와의 대면이요 신과의 만남처럼 신성한 것이지만, 미숙한 사람에게 만남은 울림이 없고 향기가 없다.

모든 만남을 소중히 여긴다면 시절인연을 기다릴 것 없이 바로 지금 이 순간 온 우주와 만날 수 있다. 그 누구와도 이미 청정한 만남은 이루어진 것이다. 바로 지금 내가 만나는 사람이, 바로 지금 내 앞에 있는 일과 직업이, 바로 지금 내가 소유하고 있는 소유물들과의 만남이, 바로 지금 내 주위에서 매일 부딪히는 사람이며 친지, 친구, 가족, 이웃들이 그렇게 내가 꿈에도 그리며 찾아 헤매던 바로 그 사람이요, 바로 그 만남이라는 것을 알게 된다.

모든 만남을 소홀히 여기지 말자. 모든 만남은 부처님의 선물이요, 신의 사랑이다. 아니, 우린 항상 부처님을 만나며 신과 함께하고 있다. 만남의 눈을 뜨고 내 주위를 살펴보자.

지식을 비우고 지혜로 살라

 삶에서 어떤 문제가 생겼을 때 보통 사람들은 그 문제를 해결하기 위해 온갖 지식과 알음알이를 동원한다. 과거로부터 배워온 온갖 방법을 다 써 보고, 그것도 모자라면 책이나 인터넷, 챗GPT를 찾는 등 지식을 총동원하여 분석하고 판단함으로써 결론을 도출해 낸다. 그래서 어떤 문제를 빨리 해결하기 위해서는 다양한 지식이 머릿속에 담겨 있어야 하고, 그런 사람이야말로 요즘 사회에서 가장 똑똑한 지식인으로 불린다.

 그런데 잠깐 돌이켜 생각해 보면, 아는 것이 많을수록 우리 머릿속은 더 복잡하고 번거롭다. 옛사람들이 그랬던 것처럼, 사실 우리는 아는 것이 머릿속을 꽉 채우고 있지 않아도 스스로 잘 살아갈 수 있는 지혜와 힘을 갖추고 있다. 내적인 삶의 지혜는 언제나 한결같이 우리 안에 자리하고 있다.

이를 선禪에서는 '살림살이'라고 한다. 태어날 때부터 삶에 가장 중요한 핵심적인 살림살이는 본래부터 가지고 왔다는 것이다. 배고프면 배고픈 줄 알고, 졸리면 잘 줄 아는 이 마음이야말로 누구에게나 갖춰진 마음 살림살이다. 사실 삶에서는 이것이 전부다. 나머지는 전부 알음알이에 불과하다. 물론 이런 알음알이가 세간에서는 필요하지만 이것이 우리를 괴롭히는 원인이기도 하다. 알음알이, 분별을 다 쓰면서도 그것의 허망함을 깨달아 쓰되 씀이 없이 쓸 수 있다면, 본래 쓸 줄 아는 이 살림살이가 주인이 된 삶으로 돌아올 수 있다.

이처럼 우리에게 본래부터 있던 살림살이, 본연의 지혜는 언제나 기본상태로 있다. 그런데 우린 그 소리를 잘 듣지 못한다. 왜 그렇겠나. 아는 것이 많아서, 그 지식이 내면에서 울리는 본연의 소리를 가로막고 있다. 지식이 지혜를 막고 있다. 분별의 아는 지식이 무분별이라는 모름의 지혜를 뒤덮어 버렸다.

서점에 가면 책들이 무수히 많지만 대부분은 지식을 쌓도록 도와줄 뿐이다. 지식을 쌓아줄지언정 내 안을 맑게 비워주는 책들은 그리 많지 않다. 지식은 쌓는 것이고 지혜는 비우고 비우는 가운데 저절로 드러나는 것이다. 자꾸 쌓이기만 하면 그 쌓인 것들로 내 안에 본래 충만한 지혜의 소리를 들을 수 없다.

예를 들어 몸에 병이 들었다고 생각해 보라. 병이 들면 온갖 지식을 총동원하게 마련이다. 감기에 밀가루 음식은 안 된다더라, 어떤 음식은 먹으면 안 되고 또 어떤 음식은 찾아서 먹어야 한다더라, 아플수록 밥을 많이 먹어야 한다더라, 혹은 아플 때는 굶으면서 단식해야 빨리 낫는다더라 하는 등, 수많은 지식, 때로는 상반되는 지식까지 동원해 몸의 병을 치료하고자 애쓴다. 아무리 먹고 싶은 것이 있어도 그 음식이 병에 좋지 않다는 지식을 익히면 절대 안 먹고 아무리 먹기 싫은 것도 몸에 좋다고 하면 기를 쓰고 먹으려고 안달이다. 자연스러운 삶의 흐름이 지식에 가로막힌다.

지식이 많으면 해야 하는 것들, 하지 말아야 하는 것들이 더 많아진다. 그만큼 얽매이는 것도 많아지고 우리는 부자유해진다. 기본적으로 우리 몸은 자연 치유의 능력이 있어 때때로 지식에 의지하기보다는 자기 자신에게 의지하고 턱 맡겨 놓는 것이 더 근원적인 치료 방법이 될 수 있다. 자연치유의 능력 또한 본래 태어날 때부터 누구나 갖추고 온 살림살이이기 때문이다.

병원에서 치료한다는 것도 일종의 심리적 효과인 '플라세보placebo, 僞藥 효과'라는 것이 밝혀지지 않았는가. 약보다 마음으로 병을 고치게 하는 처방이 더 근원적일 수 있다는 말이다. 이처럼 우리에게 지식이란 때때로 자연치유의 능력과도 같은 내적인 삶의 지혜를 가로막을 수 있다.

지리산을 갔다가 그곳에서 두 팀의 산 친구를 만난 적이 있다. 한 팀은 등산에 대한 지식을 충분히 갖춘 베테랑 산악인이었고, 다른 한 팀은 그야말로 뒷산 오르는 기분으로 상식적인 선에서 준비해 온 초보 산악인들이었다. 한 나흘 산길을 걸으며 나는 전혀 다른 산행의 양상을 두 팀에서 보았는데 그 결과는 사뭇 의외였다.

첫날은 전자의 분들과 걸으며 대화를 했는데 아는 것이 너무 많아 대화를 나누면서도 마음이 무거웠다. 걷다가 좋은 경치가 나오면 고민할 것 없이 그냥 주저앉아 느끼고 바라보는 것이 자연스러운 마음일 텐데 이분들은 50분 걷고 10분쯤 쉬어야 몸에 좋다면서 그 경치를 마다하고 걷는다. 또 별빛이 너무 고와 도무지 잠이 들 수 없어서 한참을 별을 바라보며 흠뻑 감상에 젖어 있었더니 내일 아침 몇 시에 일어나 밥을 먹고 출발해야 한다며 꽉 짜인 일정 때문에 일찍 잠자리에 드는 것이 좋을 것이란 충고를 아끼지 않았다.

그런데 다음 날 초보 등산가들과 대화를 나눌 때는 얼마나 마음이 편하고 싱그러웠는지 모른다. 사흘을 산에서 머물려면 이 정도면 되겠다 싶어 마음 가는 대로 가방을 꾸렸고, 딱히 일정을 잡지 않았으니 경치 좋은 곳에서는 한참을 앉아 느끼기도 하고, 밤하늘 별빛을 바라보며 여유가 있는 별자리 여행도 하고 말이다. 그뿐 아니라 산행을 하며 모든 부분에서 전자의 분들은 지식이 많으니 그 지식에 몸을 의지하는 일이 많아지고, 후자의 분들은 사소한 지식이 없다 보니 그저 마음 가는 대로 산을 느끼고 걸을 수 있었다.

두 팀 중 과연 어떤 분들이 산을 더 정감 있게 느끼고 온 존재로서 산길을 거닐 수 있었을까.

지식이 많으면 정작 보아야 할 것들을 놓치기 쉽다. 보기 위해 지식이 있는 것인데, 오히려 산을 보고 느끼는 일보다 지식이 앞서기 때문이다. 산을 오르는 이유는 정상에 도착하기 위해서가 아니라, 한 발 한 발 바로 다음 걸음을 내딛기 위해서이며 매 순간 산과 함께하고 있음을 온전히 느끼기 위해서가 아닐까. 산을 볼 때는 그냥 보고 느끼면 되지 거기에 무슨 알음알이가 필요하겠는가.

수행하는 것도 이와 같다. 잡다한 지식과 알음알이가 많다 보면 수행에 대해, 마음공부에 대해 머릿속에서 정리하기 바빠 정작 실천하는 일은 뒷전이 되고 만다. 그래서 지식이라는 것은 나 자신의 텅 빈 맑은 시선을 가리고 왜곡시킬 때가 많다.

누군가는 '아는 만큼 본다'라고 말했는데, 내 생각에는 아는 만큼 보는 것이 아니라 보는 만큼 그저 느끼면 되는 것이 아닐까 싶다. 물론 분별의 이 현실 세계에서는 아는 만큼 보는 것이 옳겠지만, '모르고 보는' 지혜의 가능성도 있음을 때로는 깨닫는 것도 중요하다. 아는 만큼 본다는 것은 지식대로 본다는 뜻이며 지식에 의지해서 알음알이대로 본다는 것에 불과하기 때문이다.

우리가 무언가를 볼 때 과연 지식이 필요할까. 지식은 곧 판단과 시비를 낳고 그랬을 때 우리 마음의 평화는 깨지기 쉽다. 그러나 있는 그대로를 아무런 분별 없이, 지식으로 거르는 작업 없이 다만 있는 그대로 보기만 하는 것, 그것이야말로 온전히 본다고 말할 수 있지 않을까.

우리 몸은 하나의 완전한 소우주이며 법계다. 그대로 나 자신이 온전한 부처이고 신이다. 배고프면 밥을 찾고, 또 배부르면 뒷간을 찾고, 졸리면 자고, 짠 음식을 많이 먹었으면 알아서 물을 마시게 마련이다. 물 흐르듯이 우리 몸도 자연스럽게 흘러가게 마련인 것이다. 법계의 이치에, 내 안의 삶의 질서에 턱 맡기고 나면 내 안에서 우러나오는 밝은 지혜의 소리를 들을 수 있고 그렇게 살 수 있다.

옛 스님들께서는 '배고프면 밥 먹고 배부르면 똥 누는' 평상심이 그대로 도道라고 말씀하셨다. 근심 걱정이며 욕심과 집착, 알음알이를 다 놓아버리고, 다만 근본 불성에서 우러나오는 소리 없이 소리를 듣고 물 흐르듯 자유롭게 살아가야 한다는 말씀이다. 본래 가져온 자기 마음 살림살이에 턱 내맡기고 살면 만사 편하게 흘러간다.

진정한 관계의 법칙

 삶은 곧 관계다. 끊임없이 이어지는 인연의 연장이다. 그러나 돌아보면 우리가 맺고 있는 관계들 가운데 과연 참된 관계라 할 만한 것이 얼마나 될까. 사람과 사람, 사람과 자연, 나무 한 그루나 꽃 한 송이, 강물이나 바다와 마주할 때조차 우리는 있는 그대로의 대면하고 있는가. 아니면 늘 '나'라는 아집과 계산이 개입된, 불순한 만남에 그치고 있는가.

 참된 관계란 '나'가 끼어들지 않는 만남이다. 과거의 낙인이나 미래의 계산이 개입되지 않고 생각과 분별이 잠든 자리에서만 가능한 만남이다. 그러나 우리의 일상은 늘 그렇지 않다. 대체로 관계를 맺을 때 우리는 무의식중에 저울을 든다. 이 사람이 내게 이익이 될까, 손해가 될까. 마음에 들까, 불편할까. 그렇게 분별과 계산이 앞서니 상대는 늘 도구가 되거나 평가의 대상이 된다.

하지만 세상은 늘 우리를 뒤흔들며 알려준다. 싫다고 여겼던 이가 나를 살리는 인연이 되기도 하고, 믿었던 이가 오히려 나를 배신하기도 한다. 결국 우리는 모른다. 좋고 나쁨을 안다고 믿는 순간 이미 그릇된 것이다. 알 수 없음을 인정하고, 모름 속에서 사람을 만날 때 비로소 우리는 평등한 눈으로 상대를 바라볼 수 있다.

과거를 끌어들이는 것도 관계를 어지럽힌다. 한때 좋았던 인연은 '좋은 사람'이라는 이름표로, 나빴던 인연은 '나쁜 사람'이라는 낙인으로 굳어버린다. 하지만 그 과거의 사람은 이미 사라졌다. 지금 내 앞에 있는 이는 전혀 새로운 존재다. 시간이 흘렀고, 세상이 변했으며, 그 사람 역시 변했을 터다. 과거의 잣대를 들이대는 순간 우리는 상대의 진실을 보지 못한다. 매 순간 새로운 눈으로 만나야 한다. 그럴 때 상대는 늘 신선하고 낯선 빛으로 다가온다.

미래 또한 마찬가지다. 우리는 쉽게 "이 관계가 앞으로 내게 어떤 도움이 될까?"라는 잣대를 들이대며 만남을 시작한다. 그러나 오지 않은 미래를 어떻게 알겠는가. 그 생각이 있는 이상 우리는 상대를 온전히 보지 못한다. 도움도, 해로움도 내려놓고, 오직 지금 이 순간의 만남만이 순수하다.

이렇듯 과거와 미래, 아상과 분별을 걷어 낸 맑은 관계 맺음은 그것 자체가 생활 속의 '수행'이며 '명상'이다. 그렇게 차별 없는 맑은 관계를 맺었을 때, 나와 상대는 둘로 나뉘지 않는다. 내 앞에 있는 그 한 사람이 바로 나 자신이 된다. '나'라는 울타리가 걷어진다. 과거나 미래라는 분별에서 벗어나고, 나와 상대라는 분별을 깨고 인연을 맺게 된다.

조금 어려운 말이지만, 분별하지 않으면 그와 나는 둘로 나뉘지 않는다. 내가 만나는 모든 이들이 곧 나 자신이다. 우리는 언제나 어디서든 틈 없이 나 자신만을 만날 뿐이다. 언제나 보이는 것은 나 자신, 마음 하나뿐이다.

'나'라는, 또 과거나 미래라는 것이 전혀 개입되지 않는 그런 관계에서는 그 어떤 시비나 분별, 생각이나 판단도 완전히 멈춘다. 참된 관계란 아이러니하게도 참된 홀로 있음, 침묵 속에서 형성된다. 본래는 우리 모두 하나의 뿌리에서 뻗어 나온 가지이기 때문이다. 홀로 있음의 든든한 근원에서 모두를 만나는 것이다. 그럴 때 만나는 모든 이들이 또 다른 자기다.

결국 모든 관계는 곧 깨달음의 열쇠가 된다. 관계 맺음이 바로 하나됨이기 때문이다. 둘로 나뉘지 않는 하나의 큰 나타남이기 때문이다. 내 삶의 관계는 과연 얼마만큼의 깨어 있음을 전제로 하고 있는가 살펴볼 일이다.

사람과의 관계뿐 아니라 대자연과의 관계도 그러하다. 대부분 사람은 나무를 그늘이나 재료 같은 '이용 가치'로만 바라본다. 필요가 없으면 눈길조차 주지 않는다. 그러나 그것은 순수한 대면이 아니다. 나무는 도구가 아니라 또 다른 존재이며 동등한 생명이다. 아무 계산 없이 그저 나무와 마주서서 바라볼 때 우리는 온 우주와도 새로운 관계를 맺는다. 나무 한 그루와 참되게 만나는 일은 곧 온 존재와 참되게 만나는 일이다. 반대로 나무와의 관계조차 맺지 못한다면, 인간과의 관계, 세상과의 관계도 삐걱거릴 수밖에 없다.

참된 만남은 단순하다. 그저 바라보는 것. 너무나 단순하고 기본적이어서 오히려 가장 어렵다. 우리는 늘 생각하고 따지며 살아왔기에 있는 그대로를 있는 그대로 보는 법을 잊었다. 그러나 그저 보아라. 나라는 아상도, 과거나 미래도 끼어들지 못하게 하고, 대상과 마주 선 그 순간 그대로 보라. 그것이 《금강경》이 말하는 "응무소주應無所住 이생기심而生其心"의 도리다. 집착하지 않고, 머무름 없이 마음을 내는 길.

그러니 수행이란 산속에 들어가 세상과 단절해야만 이루어지는 것이 아니다. 오히려 군중 속에서 관계를 맺으면서도 내 안의 고요를 지켜내는 것, 고독한 침묵 속에서도 다시 세상과 연결되는 것이야말로 참된 수행자의 길이다. 그렇게 만남 속에서 참된 관계를 맺을 때, 내 앞의 상대와 나 사이에 한 송이 연꽃이 피어난다. 세상과 나 사이에 세계일화世界一花의 꽃봉오리가 맺히는 것이다. 그곳에서 업과 윤회의 굴레는 멈추고 깨달음의 길벗이자 도반이 되는 향기로운 인연이 싹튼다.

결국 내 삶의 깊이는 내가 맺는 관계의 깊이다. 관계가 족쇄가 되는지, 아니면 꽃이 되는지는 내가 어떻게 만나느냐에 달려 있다. 나는 지금, 과연 얼마만큼 '나'를 비워낸 시선으로 상대를 만나고 있는가. 얼마만큼 과거나 미래의 그림자를 걷어 낸 채 지금 이 순간에 집중하고 있는가. 삶이란 곧 관계이니, 관계가 곧 나다. 그 관계가 투명하고 맑을수록 내 삶 또한 투명하고 맑아질 것이다.

나 아닌 것들을 사랑하라

무아無我라 한다. '나'가 아니라 '나 없음'이라 부르는 까닭은, 내가 스스로 독립된 존재가 아니라 '나 아닌 것들'이 모여 만들어진 인연의 산물에 불과하기 때문이다. 나를 깊이 들여다보면 그 속에 순수하게 '나'라 할 만한 것은 어디에도 없다.

아침에 먹은 음식과 물, 햇볕과 바람, 대지와 하늘이 내 몸을 이루고 있다. 이 몸뚱이라는 것도 결국 지구에서 잠시 빌려온 것들이다. 쓰고 나면 돌려주어야 하는 것들이고, 늘 받아 쓰고 갚아야 하는 빚의 연속일 뿐이다. 정신 또한 다르지 않다. 내가 '내 생각'이라 여기는 것조차 사실은 부모와 스승, 이웃, 역사와 교과서, 수많은 만남 속에서 흘러온 인연들의 흔적일 뿐이다. 가치관과 세계관이라 이름 붙여 놓은 것도 끊임없이 변해온 환경과 경험의 조합일 뿐, 고정된 실체가 없다. 감정, 욕망, 고민, 기억, 이 모든 것들은 순간순간 조건에 따라 생겨났다 사라지는 흐름일 뿐이다. 결국 몸에도, 정신에도, 어디에도 '영원한 나'는 없다. 오직 '나 아닌 것'들의 모임만이 있을 뿐이다.

그런데도 우리는 끝없이 '나'만을 사랑한다. 나를 아끼고, 나의 소유를 늘리려 애쓴다. 그러나 뿌리에 물을 주지 않고 가지에만 물을 주면 그 생명은 오래갈 수 없다. 마찬가지로 나라는 가지가 뿌리를 두고 있는 곳은 바로 '나 아닌 것'이다. 진정한 나를 위한다면, 나 아닌 것들을 사랑하고 돌봐야 한다. 그것이야말로 근원적인 길이며, 동체대비同體大悲의 의미다. 큰 자비가 필요한 이유는, 모든 존재가 본디 하나의 몸이기 때문이다.

사람도, 동물도, 식물도, 무정물도 그 어떤 존재일지라도 모두가 이 어머니 대지, 이 지구, 이 우주에서 잠시 빌어다 쓸 뿐이다. 몸도 빌어다 쓰고 정신도 빌어다 쓴다. 모두가 같은 근원에서 비롯되었으니 우리의 본질은 언제나 하나, 동체同體였다. 나와 너, 인간과 자연, 종족과 종족, 종교와 종교를 가르는 경계는 본래 없었다. 그러나 인간의 마음이 분별을 일으키며 둘로 나누기 시작했다. 그리고 그 나눔이 갈등을 만들고, 전쟁을 만들고, 오늘의 환경 위기와 사회적 분열을 불러왔다. 수많은 죽음, 끝없는 투쟁, 파괴된 숲과 오염된 바다 — 그 뿌리는 결국 하나를 둘로 쪼갠 데 있다.

답은 의외로 단순하다. 갈라놓은 것을 다시 하나로 되돌리는 것. '나'와 '나 아닌 것'을 하나로 보는 순간, 사랑은 온전해진다. 그때 비로소 우리는 분열과 투쟁의 근원을 넘어설 수 있다. '나만'을 사랑하고 집착하는 것은 결국 나를 죽이는 길이다. 반대로, '나 아닌 것'을 사랑하는 것이 진정한 나를 살리는 길이다.

그러니 부모를, 이웃을, 친구를, 대자연의 모든 생명과 무정물까지 나와 다르지 않은 나 자신처럼 사랑해야 한다. 모기와 개미, 풀벌레와 조약돌조차 모두 나 아닌 또 다른 '나'다. 그것들을 외면하는 것은 곧 나를 외면하는 것이다.

'나'를 사랑하는 두 가지 방법이 있다. 하나는 '나만'을 사랑하는 길이고, 다른 하나는 '나 아닌 것'을 사랑하는 길이다. 전자는 아상을 키우고 업을 쌓는 좁은 길이며, 후자는 아상을 비우고 자비를 실천하는 길이다. 이타적인 길이야말로 수행이며, 깨달음으로 향하는 문이고, 더 나아가 인류와 우주를 살리는 길이다.

  '나 아닌 것'을 사랑할 때 그것이야말로 '나'를 진정으로 사랑하는 일이다. 나의 행복은 언제나 나 아닌 것들의 행복에 달려 있다. 그러니 끊임없이 주위를 향해 눈길을 주고, 아낌없이 베풀고, 사랑을 건네라. 그때 우리는 다시금 놀라운 사랑으로 세상으로부터 되돌려 받게 될 것이다. 내가 세상에 미소 지을 때, 세상 또한 나를 향해 웃어줄 것이다.

어떤 믿음을 선택할 것인가

 우리는 이 세상에 대해, 진리에 대해 온전히 알지 못한 채 살아가고 있다. 그렇듯 삶의 진실에 어둡다 보니 온통 불분명하고 복잡한 것들뿐이다. 무엇 하나 온전한 것이 없다. 훤히 알 수 있는 것이 없다. 그러다 보니 두렵고 무섭다. 미래에 대해서도 두렵고, 일에 대해서도, 죽음에 대해서도, 모든 것이 알 수 없는 두려움뿐이다.

 결국 무언가에 의지하지 않을 수 없다. 나를 안락하게 해 줄 도피처를 찾지 않을 수 없다. 바로 그때 사람들은 어떤 '절대'나 혹은 '신神' '불佛'을 가정해 놓고, 이제부터 그것을 믿기로 작정한다. 그럼으로써 이 세상이라는 두려운 곳에서 의지할 곳을 얻게 된다. 그것이 우리가 알고 있는 종교의, 또 믿음의 실체다.

그러나 그러한 믿음은 언제고 바뀔 수 있다. 선택한 믿음이기 때문이다. 내가 믿을 대상에 대한 확증 없이 그저 두려움과 나약함 때문에 믿기로 마음먹었기 때문에 언제든 나의 믿음은 바뀔 수 있는 것이다. 그래서 사람들은 한 종교에서 배신당했다고 느끼면 쉽게 다른 종교를 또다시 선택한다. 참된 믿음이란 그런 것이 아니다. 그것은 선택의 문제가 아니라 믿음 그 자체의 문제다.

온전한 믿음이라면 믿음의 대상은 바로 '나 자신'이 되어야 한다. 나 자신의 근본에 대한 믿음, 내 안의 참 나에 대한 확신과 신뢰 그것이야말로 온전한 믿음이 아니겠는가. 내가 나를 믿지 못한다면 누구를 믿을 수 있겠는가. 나 자신이란 이렇게 나와 함께 살아가고 존재함으로 자신을 스스로 여지없이 증명해 보인다. 그렇기에 나 자신만이 내가 믿을 수 있는 유일한 믿음의 대상일 수 있는 것이다. '내가 있다'라는 이 느낌, 'I am' 이것이야말로 확고부동한 믿음의 원천이다.

자기 근원에 대한 믿음을 가진 사람은 나약하지 않고, 두렵지 않으며, 자기 근원에서 나오는 확고한 힘에 뿌리내리고 있다. 자기 자신의 본질이야말로 진리이며 신이고 부처인 것을 믿는다.

물론 그렇다 하더라도 아직은 믿음의 영역일 뿐이다. 사실, 진정한 믿음은 온전한 깨달음에서 나온다. 분명하게 깨달으면 확고부동하게 믿게 되지만, 깨닫지 못한 채 그저 막연히 믿게 되면 그 믿음은 어딘지 모를 미흡함이 남는다. 그래서 선에서는 깨달음을 곧 신성취信成就, 즉 믿음의 성취라고 말한다. 깨달아야만 확고한 믿음이 성취된다는 것이다. 그런데도 내 바깥에 어떤 신이나 무언가를 상정해 놓고 믿는 것에 비하면, 자기 근원에 대한 믿음은 올바른 믿음으로 가는 바른길임에는 분명하다. 자기로서 이미 확인된 무엇이기 때문이다.

그렇게 자기 안의 진리를 믿는 사람은 이 세상에서 그 어떤 괴로움이나 두려움이 오더라도 그 경계가 자신을 휘두르지 못한다. 나야말로 진리의 현현임을, 진리가 나를 헤칠 리 없음을 알고 있다. 내가 이 세상에 태어난 것은 다 그럴 만한 법다운 이유가 있기 때문임을 알고 있다.

그렇기에 내 앞에 펼쳐지는 그 어떤 괴로움도, 그 어떤 경계도 기꺼이 다 받아들일 준비가 되어 있다. 내 앞에 나타나는 그 어떤 존재도 그 어떤 사건도 모두가 법계에서 부여한 나름대로 이유가 있음을 안다. 그렇기에 그 무엇이든 온전히 존중하며 기꺼이 받아들일 준비가 되어 있다.

그것이 내 자신에 대한, 내 근본에 대한 믿음의 힘이다. 나에 대한 믿음이 있을 때 우리는 일체 모든 것을 맡길 수 있다. 내 안의 진리에, 내 안의 불성 혹은 영성에 일체 모든 것을 내맡길 수 있는 용기가 생긴다. 참된 믿음은 그렇듯 모든 것을 내맡기고 받아들일 용기와 자신감을 가져온다.

어떤 종교를 선택할 것인가, 어떤 믿음을 선택할 것인가가 아니다. '선택'을 해서는 안 된다. 어느 하나를 선택하면 다른 선택에 대한 미련이 남을 것이다. 언제든지 또 다른 선택으로 돌아설 수도 있을 것이다. 또한 어느 하나를 전적으로 선택하고 나면 그것만이 옳고 다른 것은 틀렸다는 차별을 만들어낼 것이다. 차별은 곧 다툼과 투쟁을 가져올 뿐이다. 그랬을 때 내 마음은 평온을 잃고 혼란스럽다.

선택하지 말고 다만 믿으라. 내 바깥을 기웃거리면 선택할 것만 계속해서 늘어난다. 그러나 내 안을 바라보고 내면의 근본에 대한 믿음을 가지면 분열이 없고 혼란이 없다. 나 자신의 중심을 믿는데 무엇을 망설일 것인가. '내가 있다'라는 스스로 검증된 자기 존재를 믿는 것이다. 내가 무엇인지는 명확히 알 수 없더라도, '내가 있다'라는 이 있음의 느낌은 누구에게나 분명하게 있다. 그것이 진정한 나의 본래면목이다. 바로 이러한 내 안의 부처, 신성을 믿는데 무엇이 잘못되었단 말인가. 그것은 선택이 아닌 당위다. 그랬을 때 힘이 생기고 자기중심이 우뚝 서며 일체를 내맡길 수 있는 믿음과 용기가 생긴다.

부처를 믿든 신을 믿든 그것을 내 바깥에 있는 나와는 다른 어떤 실체로 만들어 놓고 그것을 믿어서는 안 된다. 그런 믿음은 둘로 나뉘기 때문에 분열이 일어나게 할 뿐이다. 부처를 믿어도 내 안의 부처를 믿어야 하고, 신을 믿더라도 내 안의 신성을 믿어야 한다. 물론 안이라는 것도 자꾸 바깥을 믿으니 방편으로 쓴 말이지, 안팎이 둘이 아닌 그 근원을 믿어야 한다는 말이다.

또 하나, 그 믿음의 대상인 내 안의 참 나를 그 어떤 고정된 실체로 우상화하면 안 된다. 방편으로 언어를 사용하자니 '참나'니 불성이니 신성이니 자성불이니 주인공이니 했지만, 그것은 말로 표현될 수 없는 그 무엇이다. 아니, 그 무엇이라고 할 수 있을 만한 그 어떤 실체도 없는 것이다. 실체가 있는 무언가를 믿는다는 것부터가 믿음을 실체화하고 고정화하는 어리석은 일일 뿐이다. 실체화했을 때 우리의 정신은 거기에 고착된다. 고착되는 것은 참된 신앙이 아니요, 참된 믿음이 아니다.

참된 믿음은 중심 없는 내 안의 중심, 실체 없는 내 안의 실체에 대한 내맡김이고 용기다. 믿음이 없다면 불안과 두려움이 늘 나를 따라다니겠지만, 참된 믿음이 있다면 그 어떤 두려움도 불안도 없다. 오직 당당한 용기로 내맡김만이 있는 것이다. 두려워하지 말라. 참된 믿음으로 일체 모든 것을 맡겨라.

진리는 특정 종교에만 있는 것이 아니다

 나의 신앙적 정체성은 무엇일까. 나는 분명 불교 수행자다. 그러나 동시에 그 무엇도 아닌, 그 무엇으로도 규정되지 않고, 정의되지 않는 그 무엇이기도 하다. 왜 우리 자신을 '무엇'이라는 정체성에 가둬야 할까? 참된 불교적 정체성이란 바로 이런 열린 태도 속에 있다.

 불교는 자신을 스스로 절대화하지 않는다. '불교'라는 말은 단지 진리를 가리키는 임시의 이름일 뿐이다. 《금강경》의 "불법은 불법이 아니라 이름이 불법일 뿐이다"라는 구절은 이를 단적으로 드러낸다. 불법에 집착하는 순간 이미 그것은 참된 불법이 아니다. 불법이라는 상相조차 버렸을 때 비로소 진리가 드러난다. 따라서 참된 불자는 '불자'라는 틀에 자신을 가두지 않는다. 우리가 불교를 믿는 이유는 그것이 '불교'이기 때문이 아니라, 그것이 진실이기 때문이다.

참된 신앙은 활짝 열려있어야 한다. 불교라는 이름에도, 진리라는 개념에도 매이지 않아야 한다. 불교를 버렸을 때 비로소 불교를 바로 보는 것이다. 그런데도 오늘날 많은 이들이 '불교'라는 이름에 집착한다. 신자를 늘리는 것을 목표로 삼고 불교를 특정 종교의 테두리로 가둔다. 그러나 진정한 불자는 '불교 신자'에만 국한되는 것이 아니다. 유정물이든 무정물이든 모두가 진리 안에서 살아가는 도반이다. 기독교 신자, 천주교 신자, 이슬람 신자, 종교 없는 사람까지 모두가 함께 진리의 길을 걷는 벗들이다.

필자가 과거에 기독교 서점에서 책을 사러 갔다가 주인으로부터 안쓰러운 표정으로 "어쩌다 젊은 분이 출가까지 하셨어요? 하나님을 진작 만났더라면 좋았을 텐데"라는 말을 들은 적이 있다. 그는 돈도 받지 않고 책을 건네며 꼭 읽어보라 권유했다. 그 모습에서 안타까움이 저절로 느껴졌다. 그때 나는 굳이 반론하지 않았다. 한쪽에 치우치면 아무리 말을 해도 들리지 않음을 알았기 때문이다. 오히려 그의 순수한 믿음이 좋았고, 나 역시 한때는 불교에만 매달려 다른 종교 신자들을 안타까워하던 시절이 있었음을 떠올렸다.

이제는 안다. "불교여야만 한다"라거나 "불교에만 진리가 있다"라는 생각이 얼마나 비非 불교적인가를. 불교는 부처마저 집착하지 말라고 가르친다. 그래서 옛 선사들은 부처를 "마른 똥 막대기"라 했고, 목불木佛을 땔감으로 삼았다. 진리는 어떤 틀에도 갇히지 않으며 그 자체로 걸림 없는 자유다.

그렇기에 참된 종교는 종교적이지 않다. 참된 불자는 불자답지 않다. 신앙을 하면서도 신앙에 갇히지 않고 소속 속에 있으면서도 어떤 소속에도 매이지 않는 것. 이것이 진리의 속성이다.

지금까지 많은 종교가 신자를 늘리기 위해 경쟁해 왔다. 그러나 진정한 목적은 숫자가 아니다. 나는 목사님, 신부님, 수녀님들, 혹은 종교에 속하지 않은 이들 중에서도 참된 신앙인의 길을 걷는 분들을 보아왔다. 중요한 것은 종교를 나누는 것이 아니라, 어떻게 믿고 어떻게 실천하는가이다.

결국 관건은 '무엇을 믿는가'가 아니라 '어떻게 믿는가'이다. 마음을 열고, 집착을 내려놓고, 있는 그대로를 볼 수 있다면 더 이상 분열이나 다툼은 필요 없다. 성경 속에서도, 불경 속에서도, 고대의 지혜와 들꽃 한 송이 속에서도 똑같이 진리를 만날 수 있다. 부처님과 하느님은 분별이 없다.

오늘날의 사회는 여전히 종교 간 대립과 분열을 안고 있다. 그러나 진리를 바로 본다면 그 모든 구분은 의미 없다. 진정한 구원과 해탈은 이름 속에 있지 않다. 활짝 열린 정신 속에서만, 집착 없는 마음속에서만 진리가 머무른다.

참된 신앙에서 중요한 것은 열려있는 정신이 아닐까? 자기 신앙밖에 모르고, 그 견해 속에 스스로 갇혀 있다면, 그래서 타 종교와 사상을 땅에 떨어뜨리기를 주저하지 않는다면, 그는 자기 종교도 모르는 것이다. 진리를 향해, 신을 향해 열려있는 마음이 중요한 이유다.

나는 진리에 대해, 신에 대해 모른다는 사실을 정직하게 인정하고, 자기 생각, 판단, 견해로 진리와 신을 알겠다는 오만을 버려야 한다. 나를 내려놓고 내가 사라진 텅 빈 자리가 꽉 채워질 수 있도록 진리를 위해 활짝 열린 의식으로 있어야 한다. 내가 사라질 때, 분별이 사라질 때, 그리고 '그분(진리)'을 받아들일 만큼 비워졌을 때 문득 본래부터 늘 있었던, 그러나 보지 못했던 '진실'을 마주할 수 있게 될 것이다.

사람에게는 이 종교, 저 종교의 분별이 있지만, 진리에는 그런 분별이 없다. 분별과 견해와 아집을 내려놓고, 텅 빈 마음을 활짝 열어 두기만 해 보라. '모른다'라는 하심의 마음으로, 머리는 쉬고, 온 마음으로 '그분'을 간절히 그리워해 보라. 그런 진지함과 투명함, 열린 마음과 간절함이 자기에게 본래 있던 신성, 불성을 드러내게 해줄 것이다.

4장

자연을 가진 부자

내 안에 숲길을 만들어보자

 장마철이 되면 깊은 감성에 잠기는 때가 잦아진다. 처마 아래로 떨어지는 굵은 빗방울 소리를 들으며 홀로 조용히 차를 한잔 마시고 있다 보면 시간이 그만 딱 멈춰 서는 듯 아무런 바람도 기대도 없이 그냥 지금 이 순간에 머물게 된다.
 떨어지는 빗소리를 온몸으로 깊이 느껴 보았는가. 또 이런 날 축축하지만 생기 어린 정신을 깨우는 메시지가 담긴 그런 숲길을 거닐어 보았는가. 숲속에서 나 또한 동떨어진 한 사람이 아니라 숲과 하나가 되어 그 자체로 남게 될 때, 그때 저 깊은 곳에서 들리는 소리 없는 소리를 들을 수 있다.
 처음 내가 불교 공부를 시작했을 때부터 출가 초기만 해도 내 삶에는 오직 수행, 불교, 마음공부라는 것 외에는 전혀 관심도 없었다. 모든 일상적인 일들도 혹은 신도님들이 물어오는 질문에도 모두 '수행뿐이다'라는 식의 결론밖에 없었던 것 같다. 수행 그 이상의 가치는 없다고 여길 정도로 다른 것은 되돌아볼 여유조차 없었다.

그런데 어느 순간부터인가 자연스레 숲속을 찾는 일이 많아졌다. 법당 안에 앉아 기도하거나 좌선을 하는 일 못지않게 숲길을 거닐거나 꽃이 피는 모습을 바라보는 일에도 마음을 쏟게 되었다. 그러면서 마음이 잔잔해질 즈음이면 어김없이 그 텅 빈 마음속에 자연의 변화들이 찾아와 깊은 심연에 연꽃을 피웠다. 봄, 여름, 가을, 겨울이란 사계절의 변화가 처음 계절을 본 사람처럼이나 생경한 경이로움으로 자각되기 시작했다.

마음이 고요해질 때 찾아오는 대자연의 신비에 흠뻑 취하지 않을 수 없었다. 매년 똑같은 변화를 봐왔지만 이제 나에게 자연의 변화는 예년과 같은 자연이 아니다. 처음엔 내 마음이 평화로울 때 자연을 느낄 수 있었지만, 이제는 마음이 번거로울 때라도 자연을 찾으면 자연과 동화되어 내 마음이 똑같은 평화를 경험하곤 한다.

기도에 혹은 참선에 깊이 빠져 본 사람은 말로 표현할 수 없는 내면의 평화를 기억할 것이다. 그러한 수행의 때와 똑같은 평화가 대자연의 숲길을 거닐 때도 찾아드는 것이다. 사람의 본성과 자연의 본성은 서로 다르지 않기 때문이다. 그러나 사람은 본성을 거슬러 이기와 아상과 욕심으로 본성의 티 없이 맑은 투명함을 잊었지만, 자연은 그 본성의 이치를 어기지 않고 언제나 '스스로 그러한' 자연 성품대로 살아가고 있다. 그러니 사람도 자연을 찾으면 본래 성품과 가까워지지 않을 수 없는 것이리라.

이처럼 숲이란 자연이란 그대로 우리의 스승이고 선지식이다. 숲길을 걸을 때, 마치 어머니의 품처럼 깊은 휴식을 취할 수 있다. 그런 깊은 평화를 맛보며 숲길을 거닐 수 있는 시간이 우리 삶 속에서 과연 얼마나 되는가. 때때로 살아가며 무겁게 짊어지고 가는 그 모든 짐을 잠시 내려두고 호젓하게 또 가볍고 평온한 마음으로 숲길을 거닐 수 있는 시간이 우리에겐 과연 있기는 한가?

그런 길을 만들어 보라. 그런 시간을 만들어 보라. 잠시 모든 삶의 짐을 비워두고 숲의 생명을 관찰하며 길을 걷는, 나의 내면을 관찰하며 다만 걷기만 할 수 있는 그런 나만의 숲길을 가져 보라.

물론 숲길이란 꼭 숲속의 길만을 의미하지는 않는다. 내 마음속을 비울 수 있도록 도와주는 수많은 것들 그 모든 것이 다 나의 숲길이 될 수 있다. 나라는 존재 자체가 이미 숲이기 때문이다. 존재가 그대로 숲이며 자연이고 야생이다. 내 안의 야생성, 자연성, 본성을 일깨워 줄 수 있는 그 어떤 것도 숲이며 스승이고 선지식일 수 있는 것이다.

빌딩 숲속에 있더라도, 고층 아파트 안에 살고 있더라도 참선, 염불, 기도와 명상 등 수행의 숲길을 걷고 있다면 그 속에서 깊은 내면이 깨어나는 소리를 들을 수 있는 것과 같다. 대자연의 숲길을 거니는 일과 수행의 길을 걷는 길, 그 길은 결코 다른 두 갈림길이 아니다. 그래서 예로부터 스님들은 대자연 속에서 나무며 풀들, 풀벌레들이며 짐승들과도 벗하며 친구로 살았다. 숲속이야말로 가장 좋은 수행처, 아란야Arranya로서 수행자의 길에 좋은 도반이 되어 주었다.

수행의 길을 걷다 보면 저절로 대자연의 길을 걷게 된다. 수행자의 내면은 맑게 비어 있으므로 대자연의 변화며 아름다움을 모두 담을 수 있다. 그러나 내면이 욕심과 집착으로 꽉 차 있다면 그 사람에게는 도무지 돈과 명예 등만 관심 있지, 대자연의 고요한 변화와 진리가 그 안에 담길 수 없다.

그래서 난 무교인들이 종교적으로 거부감 없는 수행법을 알려달라고 하면 가까운 산으로 들어가 숲길을 걸으라고 말하곤 한다. 숲길을 걸으면 저절로 마음은 숲을 닮아간다. 숲의 기운과 파장이 맑고 고요하므로 우리 몸의 세포도 그 파장의 영향을 받는다는 과학적인 연구를 들먹일 것도 없다. 숲길을 걷다 보면 온갖 욕심과 번뇌며 생각들이 사라지고 '다만 걸을 뿐'인 고요와 평화의 순간을 누구나 경험할 것이다. 걸을 때는 다만 걷기만 할 뿐, 아무것도 생각지 말고 모든 것을 놓아버릴 수 있다면 그것이 바로 선禪의 정신이요 명상이다. 이렇듯 숲은 우리의 정신을 깨어나게 하고 선의 길로 안내한다. 그래서 대자연의 길은 모든 수행자의 영원한 도반이자 스승이다.

내 안에 숲길을 만들어보자. 호젓하게 나 홀로 휘적휘적 거닐 수 있는 명상의 숲길을 찾아보자. 그래서 삶이 힘겨울 때, 외로울 때, 마음이 번잡하고 나태해질 때 숲이라는 한결같은 도반의 위로를 받자.

신비한 자연의 소리

　세상엔 자연의 소리를 들을 수 있는 사람이 있고 평생 가도 듣지 못하는 사람이 있다. 자연의 소리는 아주 작고 여리므로 아무나 들을 수 없을 만큼 사소하지만 가만히 귀를 기울여 온몸으로 듣다 보면 거기에서 진정한 자기를 발견할 수 있다.

　내 방안 넓은 창은 언제나 활짝 열어놓는데, 24시간 내내 끊어짐 없이 다채로운 자연의 연주가 들려온다. 컴퓨터 작업을 하다가도 문득 잠시 등을 기댄 채 가만히 있으면 저절로 이 소리가 나를 쉬게 해준다. 이 아무것도 아닌 시간, 그 시간을 온전히 열린 마음으로 자각 속에서 있을 수 있다면, 그 시간이야말로 가장 장엄한 순간이다.

　그러나 많은 사람은 절에 와서도 이 24시간 내내 연주되는 자연의 소리, 풀벌레의 연주를 듣지 못한다. 분명 들리는데 듣지 못한다. 이처럼 자연의 소리를 듣지 못하는 사람들은 세상사에 찌든 온갖 소음들만 고막이 터져라. 듣고 살지 싶다. 세상의 소음에 익숙해지다 보면 작고 여린 자연의 소리를 들을 수 있는 본래의 청음 능력을 상실한다.

내 삶 속에 자연이라는 경이와 축복이 들어오게 된 것은 내 인생의 가장 소중한 선물이다. 매년 반복되는 계절을 그냥저냥 흘려보내다가 어느 순간인가 자연 속에 깃들어 자연 그 자체가 되는 듯한 심연의 떨림을 느끼면서부터 내 삶에 자연은 더없는 신비요 스승이며 벗으로 다가오기 시작했다. 지리산 종주 길에 올라 하염없이 떨어지는 장대비를 맞으며 아무도 없는 산길을 걷다가 문득, 아주 문득 자연의 청청한 소리를 들었다. 그 작은 자연의 소리에 가만히 귀를 기울이니, 마치 지리산 전체가 아닌 이 우주가 그대로 내게 속삭이는 듯, 침묵 속에서 쩌렁쩌렁한 소리가 들려오는 듯했다. 그러면서 자연은 둘도 없는 내 벗이요, 도반이 되었다.

우리의 감각기관은 세상의 작고 여린 소리를 다 들을 수 있었고 우주와 자연의 작지만 커다란 울림과 공명할 수 있었다. 그러나 감각적이고 자극적인데 서서히 익숙해지다 보니 그 본래 능력을 상실하고 만 것이다. 동물과 대화를 나누는 것으로 공인까지 받은 호주의 트리샤 맥카라의 기사를 읽은 적이 있는데, 그녀의 말을 빌자면 "인간은 원래 텔레파시 능력을 태어날 때부터 지니고 있었지만, 언어생활에 익숙해지면서 이 능력은 퇴화해 버렸다"라고 한다.

얼마 전 지진 해일이 있었는데 동물들은 미리 알고 피했다고 했고, 문명의 이기를 거부하고 원시적으로 사는 원시 부족인들 또한 미리 대피해 피해를 보지 않았다고 보도되었다. 동물들이나 원시 부족인들은 그 누구보다 자연의 변화에 민감하며 자연의 미세한 소리에도 귀를 기울일 줄 아는 현자들이다. 분명 대자연은 그러한 큰 피해에 앞서 그 어떤 힌트를 보냈을 것이다. 그 소식을 들은 자들은 몸을 피했지만 듣지 못한 자들은 고스란히 아픔을 감당해야 했다. 자연에 깃들어 삶을 살 때 대자연은 어머니 품처럼 우리를 품는다.

이처럼 사람들은 본래부터 서로뿐만 아니라 동식물이나 자연의 무정물과도 미세한 마음의 공감과 대화를 텔레파시로 나눌 수 있다고 한다. 그렇게 마음을 나눌 수 있을 만큼

예민하고 감성적인 감각이 발달해 있었고, 자연 속에서 신의 소리, 진리의 소리를 들을 수 있을 만큼 순수하고 청정했다. 그러나 인류 역사 속에서 어느 때부터인가 그 모든 능력을 상실하고 말았다. 그건 우리 스스로 작고 미세한 감각의 소중함을 버린 채 외부의 자극적이고 강렬한 것들만 정신이 팔렸기 때문이다. 지금이라도 다시 마음을 돌이켜 정신을 내면의 미세한 느낌에 집중하고, 외부의 소박한 자연에 집중하며 관찰할 수 있다면 그 본래의 능력을 찾는 것은 당연한 일일 것이다.

한겨울 얼어붙었던 땅이 녹고 봄이 찾아오니 봄나물이며 봄꽃들이 얼마나 신났는지 모른다. 나도 처음엔 수필가들이 얘기하는 눈 녹는 소리며 바람 스치는 소리, 나뭇잎 떨어지는 소리가 서걱대며 온산을 놀라게 한다는 그런 표현들에 크게 공감하지 못했었다. 그런데 그동안 우리가 귀를 닫아 놓고 살아서 그렇지 가만히 귀 기울여 보면 정말 그 소리가 성성한 깨우침으로 귓전을 맑게 스친다는 것을 느낄 수 있다. 조용한 가을 잎이 떨어지면 뒷산 전체가 서걱거리고, 산속 나무 그늘에 덥석 누워 있다 보면 바람 지나가는 소리가 파도치는 소리만큼이나 푸르르게 들리고, 초봄의 산사에는 눈 녹는 소리가 꿈틀거리듯 세속에 찌든 귀를 맑게 씻어주는 듯하다.

이러한 자연의 소리는 아주 작은 것이라 사소하게 여길지 모르지만 그건 결코 작은 소리에서 그치는 게 아니다. 그 소리를 듣는다는 것은 우리가 그런 작은 것도 느낄 수 있을 만큼 깨어 있다는 말이기도 하고, 그만큼 내 마음이 맑게 비워졌다는 것을 의미하기도 한다.

나아가 자연스레 들려오는 자연의 소리에 마음을 열고 분별없이 그저 듣다 보면 문득 진정한 자기를 깨닫게 되기도 한다. 거창하게 말할 것도 없이 불교의 깨달음도 늘 그렇듯 단순하게 온다. 관세음보살觀世音菩薩은 이근원통耳根圓通의 수행으로 유명한데, 들리는 소리를 분별없이 있는 그대로 원통하게 관함으로써 깨달음을 얻으신 분이다. 반문문성反聞聞性이라고 하여, 들리는 소리를 듣고 있는 자기를 돌이켜 문득 '듣는 놈'을 깨닫는 것이다. 이처럼 저절로 들려오는 어떤 소리든, 그 소리와 하나 되어 그저 듣는 그 텅 빈 순간이야말로 놀랍도록 귀하고 소중한 순간이다. 이 단순한 들음이 나를 깨어나게 하기 때문이다.

자연의 소리에 깨어 있는 것은 그저 그 소리를 듣는다는 일차원적 의미 그 이상인 것이다. 삶 전체를 관통하고, 진정한 자기를 깨달으며, 숨겨졌던 나와 세계의 진실을 발견하는 우주의 신비와 맞닿아 있기 때문이다. 그런데도 우리는 자연의 소리를 듣는 것은 너무나 하찮고 의미 없고 생산적이지도 않으며 시간만 낭비하는 것이라고 느끼기 쉽다. 가장 위대한 진리는 가장 가깝고 평범한 우리의 삶 속에 있음을 발견하지 못하는 것이다.

우리가 자연의 맑은소리를 듣지 못하는 또 다른 이유는 내 안에 복잡한 소음이 너무 많기 때문이고, 해야 할 일들로 마음이 꽉 차 있기 때문이며, 또 머릿속은 정신없는 일들로 가득 차 있기 때문이다.

내 안에 맑게 비어 있어야 비로소 이 법계의 작지만 우주를 울리는 이 진리의 소리를 들을 수 있다. 들어야 할 것을 듣지 못하고 듣지 말아야 할 것들만 듣고 사는 우리고, 보아야 할 것은 보지 못하고 보지 말아야 할 것들만 보고 사는 우리며, 먹어야 할 것은 먹지 않고 먹지 말아야 할 것들만 먹고 사는 우리다. 그러니 우리의 육근인六根人들 어디 좀처럼 온전할 수 있겠는가. 여섯 가지 감각기관을 잘 다스려야 몸도 마음도 경쾌하게 추스를 수 있다. 들리지 않는 소리를 들을 수 있어야 하고 보이지 않는 것들도 볼 수 있어야 한다. 육근을 가지고 있으면서도 그 대상인 육경六境에 집착하지 않고 그것을 뛰어넘는 소리를 들을 수 있어야 하는 것이다.

작고 소박한 데 귀 기울일 수 있어야 하고 자연이 가져다 주는 소리 없는 소리를 들을 수 있어야 한다. 그랬을 때 고요하게 앉으면 내 안에서 울려 나오는 쩌렁쩌렁한 속들의 메아리를 들을 수도 있고, 이 우주의 작은 한쪽에서도 전 법계의 소리 없는 거대한 울림을 들을 수 있는 것이다.

가만히 앉아 마음을 맑게 비우고 속뜰의 소리며 대자연이 전하는 맑고 밝은 소식을 들어 보자.

꿩 소리가 주는 메시지

 이 도량에는 시시때때로 꿩들의 '꿩꿩' 하는 메아리가 들린다. 도량 주변에는 얼마나 꿩들이 많은지 숲길을 거닐 때면 어김없이 꿩들이 달아나는 소리가 들린다. 꿩 소리는 그 어떤 새소리보다도 깨어 있는 정신의 여운을 남긴다. 새벽녘 무거운 몸으로 부스스한 눈을 비비며 대웅전으로 들어갈 때, 그때 숲에서 들려오는 '꿩꿩' 소리는 흡사 제자를 다그치는 선지식의 '할喝'이나 '방棒'의 일갈처럼, 혹은 졸고 있는 수행자를 경책하는 죽비 소리처럼 새벽 내 흐린 정신을 바로 세워준다.

 틱낫한 스님의 도량 '플럼빌리지'에서는 하루에도 수시로 몇 번씩 종이 울린다고 했다. 저마다 일과를 하다가도 종소리를 들으면 잠시 하던 일을 멈추고 마음을 관찰하며 '지금 여기'로 돌아오도록 한다는 그들 공동체만의 수행 방편이다. '지금 여기'로 돌아와 관하는 것이야말로 우리가 알고 있는 모든 수행, 모든 명상, 모든 깨달음의 가장 중요한 핵심이다.

우리의 삶이 가장 깨어 있으려면 '지금 여기'를 얼마만큼 살아낼 수 있는가에 달려 있다고 해도 과언이 아니다. 수십 년을 수행으로 살아오다 열반하게 되신 노스님께서 내가 오래 살긴 했어도 온전히 깨어 있는 삶을 살았던 순간은 실제 일 년도 되지 않을 것이라고 한탄하시더라는 글을 본 적이 있다. 수행승도 그러한데 우리는 어떻겠는가.

과연 얼마만큼 '지금 이 순간'의 삶에 온전히 깨어 있었는가. 일반적으로 이미 지나버린 과거에 이끌려 회상하거나 떠올리고 혹은 오지도 않은 미래를 계획하고 걱정하느라 소모해 버리는 시간이 대부분이다. '지금 여기'로 돌아와 관하는 순간 비로소 몸과 마음이 가장 본질적으로 깨어 있는 순간을 맞게 된다. 그 순간이 바로 내가 부처를 깨닫는, 신과 대면하는 성스러운 순간이다. 그래서 플럼빌리지에서는 이따금 종을 치며 그 종소리에 '지금 여기로 돌아와 관하라'는 의미를 담아 수행의 방편으로 삼고 있다.

그런데 어느 때부턴가 내가 사는 이 도량에도 종소리가 아닌 종소리가 울리게 되었다. 바로 온종일 시도 때도 없이 울어대는 꿩들의 소리다. 꿩 소리의 성성한 메시지는 내 안에서 플럼빌리지의 종소리를 연상케 했다. 그때부터 꿩 소리를 플럼빌리지의 종소리로 또 은사 스님의 '할'과 '방'의 호통으로, 또 경책하는 선승의 죽비 소리로 그렇게 받아들이기로 한 것이다.

'꿩꿩' 하는 소리는 단순한 새의 울음이 아니라 '지금 여기로 돌아와 관하라' '바로 지금 깨어 있으라'라는 법계의 메시지가 되었다. 자칫 나태와 게으름에 빠지기 쉬운 독살이 수행자에게 좋은 도반이자 경책을 해주는 스승이고 내 흐릿한 정신을 더욱 또렷하게 후려쳐 주는 죽비가 생긴 것이다.

일하다가도 '꿩꿩' 하는 소리를 들으면 잠시 하던 일을 멈추고 마음을 바라본다. 그리고는 천천히 아주 천천히 다시 하던 일을 시작하며 그 일을 조금 더 마음을 모으고 집중한다. 차를 마시다가도 꿩 소리를 들으면 잠시 멈추고 지금 이 순간의 나 자신에게로 돌아온다. 다시 차를 우리면서 차의 빛깔과 소리와 향과 맛과 촉감과 내 안에서 일어나는 생각들에 마음을 모아 육근에 와 닿는 여섯 경계를 있는 그대로 알아차린다. 전화를 받다가도, 숲길을 거닐다가도, 대화를 나누다가도, 책을 읽다가도, 글을 쓰다가도 어김없이 꿩 소리에 잠시 마음을 머문다. 요 며칠 꿩 소리에 마음을 모으는, 꿩 소리에 지금 여기로 되돌아오는, 그 마음 연습이 내가 사는 공간을 더욱 풍성하게 해주고 있다.

누구라도 이런 꿩 소리를 들을 수 있다. 물론 꿩이 살고 있지 않은 도심에서도 충분히 그 소리를 들을 수 있다. 하루 중에 간간이 들려오는 소리가 있다면 그 어떤 소리도 마땅히 꿩 소리가 될 수 있고, 플럼빌리지의 종소리가 될 수 있는 것이다. 내 안에서 그 소리를 '깨어 있음의 신호탄'으로 하기로 정하기만 하면 된다.

이를테면 사람들이 내게 말을 걸어오는 소리를 '깨어 있음의 메아리'로 정할 수도 있고, 도로변의 아파트나 사무실이라면 수많은 차가 지나가면서 울리는 '빵빵' 하는 듣기 싫던 경적을 '지금 이 순간으로 돌아와 관하라'는 메시지로 정할 수도 있다. 시도 때도 없이 만지작거리는 스마트폰을 집어 드는 순간도 좋다. 스마트폰을 집어 드는 바로 그 순간에 잠깐 깨어 있는 3초를 가져 보는 것이다.

우리 주위에서 깨어 있음의 메아리를 찾아보자. 내 주위에 어떤 꿩 소리가 있는가. 내 가까이에는 어떤 종소리가 울리는가. 항상 그 자리에 있는 진리를 바로 볼 수 있게 이끌어 줄 수 있는 내 주위의 꿩 소리는, 내 주위의 죽비 소리는, '할'과 '방'은 무엇인가.

우리 몸의 순리는 자연과 같다

　건강에 관한 관심이 높아지면서 요즘 사람들은 몸에 좋다고 하면 무엇이든 구해 먹지 못해서 안달이다. 그러나 상식적으로 생각해 봐도 특정 음식이 몸에 좋거나 나쁘다고 딱 정해놓는 것은 도무지 공감할 수 없다. 좋고 나쁜 음식이 어찌 따로 정해져 있겠는가.
　머릿속에 음식에 대한 지식이 많고 그대로 골라 먹기만 한다면 그것 자체가 우리 몸을 많이 상하게 하고 말 것이다. 지식대로 음식을 먹는 것이나 몸에 좋으니 먹는 것보다는, 먹고 싶은 것을 즐겁고 맛있게 먹는 것이 더 근원적인 식단이 아닐까. 아무리 좋은 음식이라도 몸은 스스로 필요한 양분이 무엇인지를 알고, 또한 스스로 그에 합당한 음식을 찾게 되어 있다. 그것이 자연의 이치고 인체의 신비로운 조화다.

먹어야 하니까 먹는 것보다 먹고 싶을 때 먹는 것이 더 근원적이다. 어떤 음식이 먹고 싶어졌다면 그 음식과 양분이 지금 내 몸속에서 간절히 바라고 있다는 증거다. 그러면 바로 그것을 먹으면 된다. 먹고 싶을 때 먹고, 먹기 싫으면 먹지 않는 것이 자연스러운 몸의 이치다. 그런데 오직 인간들만이 몸에 좋다고 하면 배고프지 않아도 먹고, 먹기 싫어도 꾸역꾸역 먹는다고 한다. 동물의 세계에 그런 것은 없다. 심지어 어린아이도 먹고 싶을 때만 먹지, 먹기 싫은 것을 먹기 싫을 때 억지로 먹지 않는다. 누가 시키지 않아도 배고프면 먹고, 먹고 배부르면 그만둘 줄 안다.

우리 인체의 오묘한 이치는 그대로 자연의 이치와도 합일하여 소통하고 있다. 이 육신과 지구가 끊임없이 영향을 주고받는다. 우리 몸에 필요한 것이 무언인지 자연은 정확하게 알고 있으며, 바로 그 전체적인 통찰로 자연에서는 우리에게 필요한 것을 딱 맞추어 만들어 준다. 한참 찌는 더위에는 수분이 부족하여 누구나 자연스럽게 물기 많은 먹을거리를 찾는데 그런 요구에 맞춰 수박이나 오이 같은 음식을 내어줌으로써 한없이 자비를 베풀고 있다. 제철 과일이 좋다는 이유도, 제철 과일이 우리 몸에 순리를 잘 알아 우리에게 가장 필요한 양분과 음식을 공급해 주기 때문이다. 이처럼 우리 몸도, 대자연도 온전한 삶의 길을 알고 있다. 이 세상이 본디 그렇듯 저마다 생명의 진리를 조화롭게 피우고 있다. 그러니 우리는 다만 내면의 진리와 바깥의 대자연의 진리에 내맡기고 살기만 하면 된다.

그동안 우리는 음식에 대한, 또 의학에 대한 지나친 분별과 지식에 휩싸여 스스로 자연치유 능력을 잠재워 왔다. 언제나 충만한 내면의 진리와 대자연의 진리를 망각한 채 욕심과 어리석음이 만들어낸 온갖 지식과 상술에 휘둘려 왔다. 정작 중요한 것은 인간의 이기와 욕심에서 기인하는 얄팍한 지식이 아닌 사람과 자연 그 내면 깊은 곳에서 피어나는 지혜의 숨결이다. 바로 그 지혜에 나를 맡기는 것이 온전하다. 소중한 내 몸을 다른 누구에게 맡기겠는가. 내가 치료할 수 없으면 병원에서도 치료할 수 없다. 중요한 것은 내적인 생명력이요, 그것이 바로 나와 대자연이 합작해 내는 자연치유의 힘이다.

그렇다고 패스트푸드를 먹으면서 안에서 몸이 필요로 하

는 음식이니 먹어도 된다고 할 것인가. 그것은 대자연의 진리가 깃든 음식이 아닌 인간의 입맛과 편리성에 따라 욕심과 상술이 만들어낸 정크푸드에 불과하다. 화학성분이 가미된 자극적인 소스, 대량으로 사육하면서 가둬놓고 온갖 성장촉진제, 호르몬제 등을 맞고 불과 한두 달 만에 도살되어 올라오는, 도무지 사랑이라고는 담겨 있지 않은 그 햄버거의 고기나 치킨을 먹는 것하고 대자연이 만들어낸 음식을 먹는 것하고 어찌 비교할 수 있겠는가.

앞서 말한 마음에서 먹고 싶은 음식이란 대자연이 길러낸, 인간의 이기와 무명이 개입되지 않은 먹을거리를 말하는 것이다. 그런 음식은 내적인 생명력, 자연치유력을 강화해 주고, 그랬을 때 우리 몸에는 어떤 병도 침범하지 못한다. 모든 병의 문제는 병 그 자체에 있는 것이 아니라 병이 우리 몸 안으로 들어올 수밖에 없도록 방치해놓은 내 몸에 있기 때문이다.

건강한 몸에 건강한 정신이 깃든다. 정신을 올곧게 지키는 것만큼 육신을 잘 지키고 돌보는 것도 중요하다. 몸과 마음이 둘이 아닌 까닭이다. 마음처럼 당신의 몸은 안녕한가?

생명 있는 것은 모두 친구다

비가 온다. 방안 널찍한 창문을 활짝 열고 빗소리를 들으며 조용히 앉아 있다. 이렇게 비가 많이 내리기도 힘든데 오늘은 아침부터 하늘에 구멍이라도 뚫린 듯 거친 파도처럼 밀려오다 밀려가고 있다. 이른 아침 저 숲 위로, 나무 위로, 들풀 위로 떨어지는 빗방울 소리를 듣고 있자니 차 한잔 생각도 나고 감성이 더 여리고 새록새록 해진다. 저렇게 떨어지는 비를 그대로 맞고 있는 나무들은, 저 숲의 생명은 참 의연도 하다.

도량 주위는 낮은 산이라 온갖 나무들이며 들풀, 꽃들이 피고 지기를 잠시도 쉬지 않고, 네가 지면 또 내가 피어나고, 핀 꽃이 지면 또 다른 꽃이 핀다. 풀들도 처음 여린 잎의 생김새와 한참 물이 올라 피어오른 모습은 전혀 다르다. 처음엔 작은 풀이거니 했는데 비 한번 오고 나면 꼭 나무처럼 쑥쑥 자라나 나를 당황케 하는 녀석도 있고, 처음엔 예쁘고 귀엽던 것들이 얼마나 생명력 강하고 번식력이 강한지 무서울 정도로 뿌리를 내리고 가지를 뻗기도 한다.

채소밭의 너무 큰 풀들은 뽑아 주는데 한참을 뽑다 보면 언제 이렇게 뿌리가 깊고 굵게 내렸는지 신비롭다. 세상 위로 올라온 것의 몇 배 이상 됨직한 뿌리를 보면 섬뜩 이들의 생명력에 놀란다. 이렇게 뽑아낸다는 것이 어떨 때는 참 미안하기도 하고 '저 녀석들도 다 이유가 있어 피어오르는 것인데'라고 생각이 들면 풀 뽑는 일도 잠시 머뭇거리게 된다. 그래서 될 수 있다면 풀도 그대로 함께 자랄 수 있도록 내버려둔다. 너무 커서 채소들 키를 웃자랄 때가 되면 그런 녀석들만 뽑아서 옆에 놓아둘 뿐, 될 수 있다면 함께 자라도록 내버려둔다.

이렇게 여러 가지 풀들이 함께 자라고 이웃 풀들과 함께 경쟁도 하고 또 서로 도와주기도 하면서 자라난 채소들은 겉으로 보기에 부실하고 열매가 적을지 몰라도 생명력은 더욱 강인하며 실제로 병해충으로부터의 예방에도 큰 도움이 된다.

채소도 생명인데 우리 사람하고 사는 것이 다르겠는가!

사람도 늘 온실 속에서 자란 채소들처럼 온갖 시련과 힘 겨운 경계를 당해보지 못하고 늘 풍족하게만, 늘 보호 속에서만 자란다면 그 사람의 내적인 생명력은 빛을 잃고 말 것이다. 자녀가 힘든 것이 가슴 아파서 자녀 곁에 다가오는 인연을 잡초라 여겨 다 제거하면 어쩌겠는가. 학교나 학원에서 선생님께 혼나도 정의의 사도 엄마가 언제 어디서든 나타나 자녀 삶을 가로막는 모든 장애물을 제거해 준다면? 미친 짓이다. 시련과 역경 속에서 실패도 맛보면서 주춤주춤하다가 그래도 딱 버티며 일어서기를 몇 번이고 반복할수록 내적인 삶의 빛은 더 생기를 띨 수 있다.

본래부터 아무리 큰 시련이며 역경이라도 꼭 우리가 이겨낼 수 있는 만큼만 오고, 또 꼭 필요한 바로 그때 오지, 내가 이겨내지도 못할 일이 찾아오는 법은 없다. 순경계 만큼이나 역경계도 삶에 꼭 필요한 양식이 된다.

채소도 키워 보니까 우리하고 똑같다. 처음에 자랄 때 오이에 진딧물이 자꾸 붙기에 손으로 데어도 보고 담뱃재를 모아서 우린 물도 줘보고 했는데 그래도 끊임없이 생기는 게 아닌가. 그래서 그래, 너도 먹고살아야지 싶어서 그냥 내버려두었더니 그래도 다행인 건 이 진딧물도 양심은 있는지 오이 전체를 다 괴롭히는 건 아니고 그중에 몇몇 오이에만 가서 붙어 있다.

우리 사람이야 어디 그런가. 될 수 있으면 좋은 것을 더 가지려고 하고, 그것도 모자라 최대한 많은 양을 모아 축적하려고 안달이니 양심이란 것이 우리의 욕심 앞에 맥을 못 추지 않는가.

진딧물에게도 배울 점이 있는 것이다. 그렇게 며칠이 지나고 보니까 진딧물이 많이 붙은 오이에만 무당벌레들이 모여 진딧물을 처리해 줌으로써 내 일손을 덜어주고 있다. 가만히 보니까 내가 할 일을 자기네들끼리 알아서 잘해주고 있다. 그런데 여기다가 진딧물 싫다고 농약을 막 쳐놓았다면 그 농약에 무당벌레도 또 다른 익충들도 모두 함께 전멸했을 것이다.

사람의 일도 마찬가지다. 시련과 역경, 힘겨운 일이 생기면 그걸 이겨내려고 발버둥 치다가 도저히 안 되겠다 싶을 때 그냥 주저앉아 버리곤 한다. 그러나 그 상황이 아무리 최악이다 싶더라도 진리의 본성에 일체 모든 것을 내맡기고 살 수 있다면 분명 삶 자체 어딘가에서 스스로 해답이 나올 것이다. 아무리 관찰해 봐도 자연은 참으로 신비롭고 또 정확하다는 걸 느낀다. 정확하게 필요한 일이 필요한 때 필요한 만큼 생겨난다.

우리 머리로 그 위대한 자연의 이치를 거스르려고만 하지 않고, 자연과 함께 그 이치에 모든 것을 맡기고 살아갈 수 있다면 저 숲속의 생기 어린 생명력과 포근함을 우리의 내면에서도 느낄 수 있다. 자연의 이치에 모든 것을 내맡기고 산다는 것은 곧 삼라만상인 법신 부처님께 모든 것을 맡긴다는 말이고, 하느님의 신성한 뜻에 모든 것을 맡기고 산다는 말과 같다. 대자연인 우주가 그대로 법신불이요, 신성의 피어남이기 때문이다.

이 대자연의 숨결에 일체 우리의 모든 것을 내맡기고 살면, 그래서 내 일로 '잡고' 살지 말고, 있는 그대로 대자연의 진리 성품에 '놓고' 살면, 우리 사람들에게서도 저 대자연의, 저 청청한 숲의 향기가 피어오를 것이다.

당신의 행복은 어디에 있는가

경기도 가평의 한 공동체 마을을 방문할 기회가 있었는데 그 일은 두고두고 내 가슴을 짠하게 만들었다. 마을이라고 해봐야 한 20여 명의 젊은이가 소박하게 모여 살면서 함께 농사를 짓고 함께 마음을 나누고 먹을거리를 나누며 살아가고 있는 아직은 거의 초기 단계의 공동체 마을이다.

마을의 주민 대부분이 주로 2, 30대의 젊은 사람들이라는 점이 여느 마을과는 달랐다. 그러다 보니 아직은 농사일도 매우 서툴고, 농사로 밥벌이를 하고 자급자족을 이어가기에는 많은 부족한 점이 있다. 그래도 이 마을 젊은이들은 완전한 자급자족을 꿈꾸고 있다. 스스로 자식들 교육까지도 하려고 대안학교를 준비하고 있었는데, 이런 삶에 대한 활기찬 꿈과 희망은 이 마을을 생기 넘쳐흐르게 했다.

물론 어려운 점이 전혀 없는 것은 아니다. 예전에 해 보지 않던 농사를 짓고 또 그 농사일로 버는 돈이 생계유지를 위한 경제적 수단의 전부이다 보니 남들이 보기에는 경제적인 어려움이 한둘이 아니다.

그러나 이들은 말한다. 경제적으로 예전보다 꽤 어려워진 것은 사실이지만, 그것이 이들의 자연과 함께하고 농사와 함께하는 그 여유와 즐거움을 빼앗을 만큼은 아니라고. 또한 경제적으로 어려운 것은 욕심을 줄이면 되는 문제라고 자신 있게 말하면서 밥 세 끼 먹고, 밭에 나가 일하고, 막걸리 한잔하며 함께 모여 즐겁게 살 수 있는데 더 이상 욕심부릴 게 뭐가 있겠냐며 오히려 반문한다.

예전에 서울에서 직장 다니면서 매일 스트레스 받고, 자동차 매연에 시달리고, 출퇴근길 지하철에서 고생하고, 온갖 소음과 과로에 시달리던 것을 생각하면 그 정도는 아무것도 아니라고 자신 있게 말한다.

이런 이 마을에도 빈부의 격차는 존재한다. 마을의 가장 큰 부자가 한 분 계시는데 그분은 부자라는 이유 하나 때문에 스스로 종종 술도 사고, 밥도 사고, 필요하면 돈도 빌려준다고 한다. 어느 정도 부자인고 하니, 그 마을의 사무국에서 일을 맡아 하시는데, 물론 그 일은 돌아가면서 맡는 것이지만, 소임을 볼 때는 50만 원씩 월급이 나온다고 한다. 그 돈 때문에 이 마을에서 제일가는 부자가 된 것이다. 50만 원이면 이 마을에서는 조금은 사치한 생활까지 영위할 수 있다.

요즘 같은 이러한 삭막한 세상에 50만 원의 월급으로 부자가 될 수 있는 곳이 있다는 것이 얼마나 감사한 일인가. 이 마을 사람들은 참 행복이 어떤 것인지 소욕지족이 무엇인지를 잘 알고 있는 듯 보인다. 작은 것으로 만족할 수 있고 행복을 느낄 수 있다는 것 그것이야말로 이 세상에서 더할 수 없는 행복이다.

《아함경》에는 말한다. "욕심이 많은 사람은 이익을 구함이 많기에 번뇌도 많지만, 욕심이 적은 사람은 구함이 없어 근심 걱정도 없다. 만약 모든 고뇌에서 벗어나고자 한다면 마땅히 만족할 줄 알아야 한다. 만족할 줄 알면 부유하고 즐거우면 평온하다. 그런 사람은 비록 맨땅에 누워 있을지라도 편안하고 즐겁지만, 만족할 줄 모르면 설사 천상에 있더라도 흡족하지 않을 것이다. 만족할 줄 아는 사람은 가난한 듯하지만 실은 부유하다."

그런데도 우리는 2백만 원, 3백만 원, 아니 그 이상을 받으면서도 얼마나 경제적인 생활고에 찌들어 살고 있는가. 또한 이웃과 비교하면서 우리 집은 가난하다고 열등에 빠져 있지는 않았는가. 문제는 얼마를 버느냐가 아니고 얼마나 만족하고 사느냐에 있다. 내 행복의 지수는 그대로 내 만족의 지수이지 소유의 지수가 아니다. 소유를 줄이고 스스로 만족할 줄 아는 것이야말로 더없는 행복의 비결이다.

어떤가. 아직도 삶이 가난한가. 최소한의 의식주를 갖추었는데도 여전히 가난하다고 느낀다면 그 가난은 물질의 가난이 아닌 마음의 가난이다. 마음이 부유하다면 설사 땅바닥에 누워 자더라도 풍족하지만 마음이 가난하면 온 천하를 손안에 넣었더라도 궁핍을 면치 못한다.

내 안에도 꽃은 피는가

 꽃이 피는 것은 '문득'이다. 매일 다니던 길에서 어제는 보지 못하였다가도 오늘 문득 만나게 된다. 숲의 색이 연초록으로 변하는 것도 문득이고, 뿌려 둔 씨앗에서 떡잎이 올라오는 것도, 새가 우는 것도, 바람이 부는 것도, 자연이 내게 다가오는 것도 문득문득이다. 그래서 항상 잘 살펴야 한다. 잘 살펴야 그것들은 만날 수 있고 올라오는 아련한 감성이며 깨달음을 얻을 수가 있다.

 지난주에는 난생처음 회양목에 핀 꽃을 보게 되었다. '회양목에 무슨 꽃?' 하고 의아해하시는 분들이 계시겠지만 사실은 나도 처음 보게 되었다. 매화, 산수유를 시작으로 개나리, 진달래, 벚꽃, 목련 등이 온 세상을 환하게 물들이는 이른 봄, 회양목 같이 멋도 없고, 예쁘지도 않은 이 나무가 어찌 사람들의 관심을 받을 수 있겠는가. 그러나 조금만 깊이 관찰하면 그런 다른 봄꽃들에 뒤지지 않는 소박하고 아기자기한 아름다움을 볼 수 있다.

회양목꽃은 그 잎보다 더 색이 연하고 작은 까닭에 얼른 봐서는 보이지 않는다. 애정을 가지고 유심히 관찰했을 때 연초록빛의 아주 예쁜 꽃을 보여준다. 이런 바라봄과 발견이 소박하지만 작은 행복을 안겨준다.

황양목선黃楊木禪이란 말이 있다. 황양목은 회양목을 지칭하는 것으로 회양목 같은 참선 수행자를 이르는 것인데, 근기가 우둔하여 아무리 참선 수행을 하여도 제대로 성취를 못 이루는 수행자를 지칭하는 말이다. 그만큼 회양목이란 자라는 것이 더디고 느려 자라는지도 모르게 자란다는 말이다. 그런데 내가 보기에는 황양목선의 수행자를 아둔한 수행자로 보기보다는, 더디고 느리더라도 일 년 사시사철 푸른 잎이 있음을 볼 때 항상 같은 마음으로 꾸준히 정진하는 수행자라고 칭찬해 주고 싶다. 남이 알아주지 않아도, 그렇게 화려하지 않아도, 남에게 쉬 드러나지 않더라도 늘 때가 되어 꽃을 피우는 것을 볼 때면 숙연해진다. 요즘이야 얼마나 나를 드러내고자 하고, 드러내기 위해 온갖 화려한 치장으로 시선을 끌기 위해 애쓰는가. 그런데도 묵묵하고 묵연하게 자기 모습을 가꾸는 황양목선의 수행자가 있다.

이런 회양목의 꽃을 보기 위해서, 또한 황양목선의 깨달음을 얻기 위해서는 안팎으로 비춰봄이 필요할 것 같다. 그 어떤 꽃이든 그 어떤 존재든 우리가 그것을 만나기 위해서는 바라봄이 필요한 것이다. 머릿속이 온갖 상념들로 꽉 차 있다거나, 마음속에 온갖 욕심과 집착, 바람들이 쌓여 있을 때, 또 걱정스러운 무언가가 내 마음을 짓누를 때, 나의 시선이 면밀한 비춤이 되지 못할 때 우린 아무것도 볼 수 없다. 그것을 앞에 두고도 보지 못하는 경우, 깨닫지 못하는 경우는 부지기수다.

지금 내 경우를 보더라도 회양목을 평생토록 내 나이만큼의 세월 동안 보아왔지만, 회양목꽃을 본 것이 처음이란 것이 얼마나 두 눈으로 다른 것들만 봐왔다는 얘기인가. 더 화려한 꽃을 봐왔을 것이고, 학생 때는 꽃은커녕 책들만 봐왔을 것이며, 내 관심사에 따라 관심 가는 것들만 선택적으로 봐왔기 때문에 매년 피어난 회양목꽃에 한 번도 시선을 주지 못했을 것이다. 그래서 분별없는 관찰이 중요하다. 더 화려하고 못하고를 분별하지 않고, 사람과 자연을 분별하지 않고, 비중이 있고 없는 것을 분별하지 않고, 이 세상 모든 존재를 대 평등으로 있는 그대로 볼 수 있다면 우리 곁에 있는 모든 생명의 변화며 경이에 새롭게 눈뜰 수 있다.

그동안 우리는 눈을 가지고 있으면서도 참된 눈을 뜨지 못했던 것이 아닐까. 참으로 눈을 떠야만 온 존재를 통일적으로 볼 수 있고 또 완전히 새로운 존재의 신비에 다가설 수 있다.

회양목이 언제나 그 자리에서 꽃을 피웠지만 내가 보지 못했듯, 이 세상은 언제나 찬연한 존재의 꽃을 풍성하게 피워내고 있지만 우리가 그것을 보지 못하고 있다. 내가 오늘 난생처음으로 회양목꽃을 만났듯 언제라도 눈을 뜨는 순간 모든 신비와 경이는 우리 앞에 아름다운 모습을 드러낼 것이다.

봄이 왔다. 봄이 오면 내 마음에서도 함께 봄이 와야지, 봄이 오는데 꽃이 피는데 내 마음에서는 여전히 꽃이 피지 않고 봄을 맞지 못하는 수도 있다. 그러면 봄은 오지 않는다.

적어도 그 사람에게 봄은 오지 않는다. 봄이 오고 꽃이 필 때, '내 안에도 봄이 오고 꽃이 피는가?' 안팎으로 살피고 또 살필 일이다.

내 안에도 봄은 오는가. 내 안에도 꽃은 피는가.

저 돌과 바람과 하늘처럼

 온 세상이 봄소식으로 한창이다. 우리 도량 주변에도 진달래, 개나리, 백목련, 자목련, 산수유, 벚꽃 등이 예쁜 꽃을 피웠고, 가만히 발아래를 살펴보면 민들레, 제비꽃, 양지꽃, 냉이꽃, 꽃다지 등이 지천으로 피어올라 봄기운을 느끼기엔 손색이 없다.

 오늘은 겨우내 그렇게 기다려왔던 씨앗을 뿌렸다. 장에 가서 구해온 온갖 씨앗들과 얼마 전 신도님들께 보시받아 놓은 씨감자며 땅콩, 팥 등을 지난겨울부터 만들어 둔 텃밭에 나누어 심으며 봄의 조화에 동참했다. 이것저것 많이 심어 놓았는데 잘 키워 먹는 것도 먹는 것이지만 그 작은 씨앗들이 자라는 모습들을 보고 있자면 내 안에서는 맑은 샘이 넘쳐흐르는 것 같다. 그런 연유로 올해는 좀 욕심을 부렸다.

감자, 팥, 땅콩, 상추, 쑥갓, 총각무, 부추, 파, 들깨, 취나물, 아욱, 치커리, 청경채, 근대, 케일, 참나물 등. 한 달 후쯤 모종을 사다 심을 것들까지 생각해 보면 아직 심어야 할 것들이 한참이다.

씨앗을 뿌리기 전에 잠시 기도를 드렸다. 텃밭에서 오늘 하루 내가 밟고 일해야 할 흙에, 또 나에게 공간을 나누어 줘야 할 땅이며 땅속의 모든 생명에게 양해와 감사의 기도를 먼저 드리고 일을 시작했다. 사실 삽을 들고 흙을 파헤친다는 것이 가만히 생각해 보면 여간 미안한 일이 아닐 수 없다. 흙을 한 번 파헤칠 때마다 그 속에서는 얼마의 생명이 죽어 갈지도 모르고 행여 지렁이 몸을 두 동강 나게 할지도 모르는 일 아닌가.

하기야 요즘같이 굴착기 같은 대형 장비를 가지고 산 하나를 불과 며칠 만에 평지로 만들어 놓고 그 위에 산 크기만 한 빌딩을 올린다거나, 그렇지 않아도 너무 빠른 세상 좀 더 빠르게 가겠다는 생각에 산에 커다란 터널을 뚫는 일이 아무런 반성과 미안함 없이 행해지고 있음을 본다면 이 말이 과민하고 하찮게 들릴지도 모른다. 그러나 그렇지 않다. 산에도 들에도 흙에도 나무 한 그루, 풀 한 포기에도 내 생명과 똑같은, 부처님 생명과 똑같은 생명이 담겨 있다. 산하 곳곳에 하느님의 영성이 깃들어 있다. 사람만 하느님의 모습으로 창조된 것이 아니라, 온 우주의 모든 존재, 모든 생명이 그대로 하느님의 모습으로 창조되었다.

　이 세상 모든 것들은 인간이 인위적으로 바꾸고 손을 대기 전에는 있어야 할 꼭 그 자리에 있다. 그래서 이 세상을 법계法界라고 한다. 그냥 세상이 아니라 '진리의 세계'라는 말이다. 그러니 우리가 할 수 있는 것은 대자연에 최대한 우리의 욕심을 개입하지 말고, 훼손하지 말고, 우리의 판단이나 분별 지식으로 대자연의 지혜로운 운행을 거스르지 않는 것이다.

　아직도 나의 농사는 너무 서투르고 여전히 파괴적이며 인위적이다. 그러나 될 수 있다면 '마음 밭'을 일구듯 저 밭을 일구고픈 마음이 간절하다. 대자연의 변화에 턱 맡기고 함께 따라 흐를 수 있도록, 나와 대자연이 둘이 아니고 대자연 일부일 수 있도록, 저 돌과 바람과 하늘처럼 나도 돌과 바람과 하늘일 수 있도록, 자연의 변화에 맞춰 내 삶의 리듬도 그 자연의 조화로운 변화에 장단을 맞출 수 있도록 그렇게 조화롭고 평화로운 삶을 살고 싶다.

자연의 위대한 밥상

 도량 주위 자연의 새로운 모습을 관찰하는 것이 늘 나의 일상이 되어버렸다. 봄이 오고 산에 도량에 꽃이 피니 그야말로 무릉도원이 따로 없다. 연한 초록의 산빛에 내 마음이 설렌다. 정말이지 하루가 다르게 변한다는 말을 실감한다. 온갖 꽃들이 앞다투어 핀다는 말도 가슴에 진하게 와닿는다. 수많은 야생화와 나무에서 피어나는 꽃들 그리고 새순이며 약초들 봄나물들이 얼마나 활짝 신명 나게 피어있는지 온종일 거닐며 바라만 보아도 도무지 질리지 않는다.
 얼핏 보면 그냥 낮은 산이고 멋없는 산일지 모르지만 이 산엔 그야말로 없는 것이 없다. 작고 앙증맞은 제비꽃이 군락을 지어 피어올랐고, 주름잎, 꽃마리, 냉이꽃, 꽃다지, 민들레, 양지꽃, 뱀딸기꽃, 별꽃, 산괴불주머니 등 그 외에도 이름을 알 수 없는 수많은 야생화가 피어있다. 나무도 소나무, 참나무, 밤나무, 오동나무, 자작나무 정도인 줄 알았는데 알고 보니 곳곳에 예쁜 꽃들을 피워내는 이름 모를 나무들이 봄 연출에 한창이다.

봄 밥상을 풍성하게 해주는 두릅나무 새순도 막 올라와 있고, 고사리도 이제 막 고개를 내밀었다. 참나물, 원추리, 돌나물, 민들레, 제비꽃, 꼭두서니, 쑥, 고들빼기, 씀바귀는 쓴 봄나물의 명성을 확인이라도 시켜주는 듯 시장에서 파는 재배된 봄나물에 비해 써도 너무 쓰다는 생각이 든다.

여름이란 계절에는 너무 더워 수분이 많은 수박이나 참외가 많이 나오듯, 봄에는 춘곤증 같은 데 좋은 쓴 나물들이 많이 나온다고 한다. 봄에 쓴 나물들은 법계에서 내려 준 선물이라고 하더니 정말 실감이 난다.

요즘 재배되는 나물이며 채소들은 그야말로 온실에서 고이 자라다 보니 모든 채소가 거의 천편일률적으로 비슷한 맛이다. 대부분 연하여 질기지를 못하며, 저마다 특유의 쓴맛이라든가 특유한 향들이 많이 사라져 버렸다. 똑같은 비료 주고, 똑같은 농약 주고, 늘 똑같은 땅에서 키워지니 맛도

다 똑같지 않을 수 없을 것이다. 온실이나 검은 비닐로 경쟁할 수 있는 다른 풀들을 아주 자라지 못하게 막아 놓고, 심지어 제초제로 채소 외의 것들은 다 죽게 해버리니 경쟁할 수 없어 생명력이 약해질 수밖에 없지 않겠나.

사람도 저마다 특유의 삶이 있고 독자적인 향기가 있어야 하지 않은가. 자신만이 가지는 창조적이고 독창적인 삶을 살아갈 때 본연의 자기 성품을 확연히 드러낼 수 있다. 그렇다고 억지로 특별하게 보일 것은 없겠으나, 요즘 같은 교육 현실에서 똑같은 것들만 머릿속에 주입하고, 똑같은 옷에, 똑같은 먹을거리에, 똑같은 주거환경이며, 똑같은 텔레비전을 보고, 똑같은 교과서를 읽고 자란다. 돈, 명예, 권력, 학벌 등 똑같은 삶의 욕망을 제일의 가치로 알고 똑같은 삶의 방식을 따르고 살다 보니 저마다 자기 색깔이 없어지고, 자기 부처를 드러내지 못한다. 대자연도 마찬가지 아닌가. 인위적인 손길만 개입되지 않으면 자기 본연의 모습을 피워낼 수 있을 것인데, 인위적이고 이기적인 힘으로 저 야생의 삶을 얼마나 훼손하고 있는가.

그런 점에서 내가 사는 도량 숲의 풍경은 아직 인위적인 것들이 개입되지 않고 그저 자연 상태 그대로 보존되어 있으니 얼마나 다행인지 모른다. 이런 상태에서 나도 하나의 자연이 되어 살 수 있다면 그것이야말로 가장 멋스럽고 지혜로운 삶이 아니겠나.

오늘 점심 공양도 풍성한 대자연의 식단이 그대로 내 발우에 들어왔다. 밥때가 되어 한 십여 분 숲속에 들어갔다 나오면 그야말로 야생의 온전한 먹을거리들이 우리 절 두 사람 한 끼니 먹기에 부족함이 없게 해준다. 씨 한 번 뿌린 적 없고, 가꾸려고 애쓴 적도 한 번도 없지만, 숲은 스스로 씨를 뿌리고, 가꾸고, 물을 주고, 그렇게 알아서 건강하게 커간다.

가만히 생각해 보면 이 도량 주위에 돋아난 나물이며 풀들만 캐서 먹고살아도 어지간한 농사는 지을 필요가 없을 것 같다. 지천으로 먹을 것이 널려 있으니 말이다. 모를 때는 그냥 다 잡초라고 치부해 버리고 지나치지만 조금만 알고 보면 봄 들녘의 새싹들은 그야말로 다 먹을거리가 된다는 것이 신비로울 정도다. 그야말로 숲에 들어가면 먹지 못할 것들이 거의 없다고 보면 된다. 사람들이 몇몇 입맛에 당기는 풀들만 먹을거리로, 봄나물로 지정해 놓아서 그렇지, 동네 어르신께만 여쭈어보아도 예전에는 다 먹었다는 얘기를 흔하게 들을 수 있다.

무슨 대형 마트에 가서 에어컨 바람 쐬며 카트를 끌고 다니며 채소를 고르는 것보다 조금 덥더라도 차라리 산으로 들로 호미 하나 들고 뛰어들어 자기 자신의 무한한 생명력을 드러내는 것이 어떻겠는가. 사실 올바른 농사란 그런 것이 아닐까. 사람의 노력을 들여 심고 물주고 뿌리고 가꾸고 나아가 농약 주고 풀 뽑고 비료에 제초까지 해야 하는 고된 노동을 생각했을 때, 또 반환경적이고 반생태적인 현 농사법을 생각했을 때, 그저 대자연에서 저 스스로 씨앗 뿌리고 가꾸고 만들어내는 그런 것이야말로 가장 온전하고 깨어 있는 농사고 농부의 일이 아닐까 싶다. 그랬을 때 인간의 노력과 욕심, 또 반환경적인 어리석음을 투여해서 일구어낸 먹거리보다 더 생명력이 강할 것이고, 더 온전한 영양이 깃든 먹을거리가 될 것이며, 온전한 삶과 건강의 토대가 돼 줄 것이다. 그것이야말로 어머니 대지에서 내려 준 선물이고, 신이 만든 선물이며, 법신 부처님의 음식일 것이란 생각이 든다. 물론 그렇게 하더라도, 감사한 마음으로, 욕심부리지 말고 최소한의 필요에 의해 자연에 보은하는 마음을 가져야 하는 것은 물론이겠지.

오늘 공양도 풍성하다. 밥상 위에 음식이 올라와 있는 것이 아니라 대자연의 생명과 숨결이 그대로 깃들어 있다. 그러니 이 공양은 그저 단순한 식사가 아니라 대자연의 숨결을 온몸으로 온 마음으로 받아들여 모시는 것이 아니고 무엇이겠는가.

내가 꿈꾸는 삶

'나의 길'이란 제목의 원고 청탁을 받고 내가 걷고 있는 길, 또 걷고자 원하는 길이 과연 어떤 길이었는가를 새삼 되새겨 본다. 나는 어떤 삶을 꿈꾸고 있는가. 가만히 생각해 보니 네 가지 정도로 정리할 수 있겠다. 내가 원을 세우고 실천하고자 노력하는 삶, 그것은 바로 '깨어 있는 삶' '조화로운 삶' '소박한 삶' 그리고 '나누는 삶'이다. 물론 이 네 가지 삶의 모습을 별도로 나누어진 삶의 모습은 아니지만, 굳이 나누어 보자면 그렇다. 그러고 보면 나는 이 네 가지 삶이 내 안에 깊이 파도쳐 들어와 세포가 되고 골수가 되며 우뚝 선 정신이 되기를 늘 서원하고 있지 않았나 싶다.

먼저 '깨어 있는 삶'이란, 불교 수행자라면 누구나 잘 알고 있듯이 지관止觀과 정혜定慧, 즉 마음을 비우고 알아차리는, 집착을 버리고 비추어 보는 두 가지 수행을 말한다. 깨어 있으려면 마음에 번뇌와 집착, 욕심과 바람을 먼저 비울 수 있어야 한다. 또한 마음의 온갖 번뇌를 비우고자 한다면 있는 그대로 잘 지켜보면 된다. 번뇌며 욕심, 집착이며 바람들을 있는 그대로 잘 지켜보면 애써 비우고 없애려고 애쓰지 않아도 저절로 사라지게 마련이다. 그래서 깨어 있는 삶이 중요하다. 매 순간 깨어 있으면 그 자리에서 자족과 평화를 얻게 되며 나아가 지혜를 증득하게 된다. 한순간 깨어 있을 때, 한순간 부처이다. 한 생각 분별을 따라갈 때 중생이 되지만, 한 생각 분별을 놓으면 곧장 진여 법신이 드러난다.

두 번째로 내가 꿈꾸는 삶은 바로 '조화로운 삶'이다. 대자연과의 공존과 공생, 생명이 있고 없는 모든 것들과 조화로운 관계 속에서 살아가는 삶. 즉 대자연이라는 비로자나 진법신眞法身과 조화를 이루며 살아가는 삶이다. 산과 들, 나무와 들풀, 계곡과 숲, 그리고 모든 짐승과 곤충들을 비롯한 모든 대자연 식구들과 둘로 나뉘지 않으며 서로 조화를 이루고 공존하며 살아가는 삶, 그것이야말로 모든 사람, 모든 생명이 지속 가능한 평화를 이루며 살아갈 수 있게 해주는 삶이다. 대자연에 맘을 두게 되면 욕망과 이기는 저절로 소멸한다. 사실은 분별 망상을 비울 때 저절로 있는 그대로 보게 되고, 있는 그대로 볼 때 '보는 나'와 '보이는 자연'은 둘로 나뉘지 않는다. 자연과 내가 본래 하나임이 밝혀진다. 이것이 곧 불이법不二法이고 깨달음이다. 조화로운 삶은 억지로 실천하는 것이 아니라, 인위적인 분별만 놓으면 저절로 드러나는 것이다. 우리의 본성이다.

세 번째는 '소박한 삶'이다. 이것은 청빈, 가난, 자족, 절약의 정신과도 맞닿아 있다. 스스로 만족하며 절제와 절약을 지키며 최소한의 필요에 따른 소박하고 가난한 삶을 살아가는 것, 그것이야말로 우리 인간의 정신과 가장 고귀하게 일깨워 주며 속뜰의 본래 향기를 환히 밝혀주는 삶의 본보기다. 요즘같이 청빈의 정신이 고갈된 이때 스스로 가난을 선택할 수 있는 용기와 지혜야말로 가장 소중한 덕목이다. 앞서도 말했지만, 진정한 가난이란 물질적으로 가난한 것이 아니라, 마음이 텅 비어 청빈한 것이다. 모든 것을 소유하더라도 본래 소유할 것이 없는 연기적인 삶임을 자각한다면,

가진 것 없이 전부를 가진 부자로 살 수 있다.

네 번째는 '나누는 삶'이다. 스스로 아무리 행복하고 만족한들 이웃의 불행과 가난, 기아와 질병 등을 외면하고 방치한다면 그것은 진정 건강한 부유함도 참된 행복도 아니다. 내가 행복하게 밥을 먹고 공부하고 있는 이 순간도 이 세상 다른 곳에서는 수많은 이들이 가난과 기아에 헐벗어 굶주리고 죽어가고 있다. 깨달음을 얻었다 한들 그것이 세상으로 회향回向되지 않는다면 그것은 참된 지혜가 아니다. 참된 지혜는 이 세상의 아픔을 바로 나의 아픔이기에 내 것과 네 것이라는 차별이 없는 동체대비의 자비 정신이다. 너와 내가 둘이 아니라는 동체에서 나오는 대자대비의 정신이야말로 나 자신과 이웃, 이 온 세계를 밝히는 지혜와 자비의 근본정신이자 실천행이다.

불교에서 대표적인 보시로 재시財施, 법시法施, 무외시無畏施를 들고 있다. 재물로 보시하고, 진리로 보시하며, 사람들에게 두려움을 없애주는 나눔을 실천하는 것이다. 물질적인 보시만 중요한 것이 아니라, 괴로움을 없애주고 두려움을 없애주는 것이 곧 법시와 무외시다.

이상의 네 가지 삶의 모습, 나는 이 말만 들어도 가슴이 부풀어 오르고 설렌다. 물론 아직 그런 삶과 일치하지 못한 나의 모습이 부끄럽긴 하지만 그래도 내 삶에 지침이 되는 이 길이 있기에 늘 행복하다. 이따금 이 네 가지 삶의 모습에 나 자신을 비추어 보면서 '내 삶이 올바로 가고 있는가?' 하고 스스로 점검하곤 한다.

때때로 삶의 발길을 멈추고 자신을 점검해 보자. 나는 과연 얼마나 깨어 있는, 조화로운, 소박한, 나누는 삶을 실천하고 있는가.

부자보다 잘 사는 사람

1판 1쇄 발행　2025년 11월 11일

글	법상
발행인	신혜경
발행처	마음의숲

편집이사	권대웅
편집	조혜민
디자인	장소희
마케팅	오세미

출판등록　2006년 8월 1일 (제2006-000159호)
주소　서울특별시 마포구 와우산로30길36 마음의숲빌딩 (창전동 6-32)
전화　(02)322-3164~5　팩스 (02)322-3166
이메일　maumsup@naver.com
인스타그램　@maumsup
용지　월드페이퍼㈜　인쇄·제본 ㈜교보피앤비

ISBN　979-11-6285-181-4 (03810)

＊값은 뒤표지에 있습니다.
＊저자와 출판사의 허락 없이 내용의 전부 또는 일부를 인용, 발췌하는 것을 금합니다.
＊잘못 만들어진 책은 구입하신 곳에서 교환해드립니다.